AF291098

© 2020 – Marianne Rose Dupont
Omslag: Ina Hoekstra
Forlag: Books on Demand – København, Danmark
Fremstilling: Books on Demand – Norderstedt, Tyskland
Bogen er fremstillet efter on-Demand-proces

ISBN 978-87-4302-782-9

Marianne Rose Dupont

Eventyret om Pil

*"Den længste rejse,
du kan foretage dig i livet,
er rejsen fra dit hoved til dit hjerte."*

Gary Zukav

Indholdsfortegnelse

Forord

For 18 år siden knækkede filmen! Jeg kunne ikke længere opretholde en facade.

Jeg havde altid haft en følelse af at være anderledes og jeg passede ikke ind nogen steder.

Alligevel var der mange som beskrev mig som dygtig, smilende og vellidt. Jeg knoklede konstant med at leve op til omverdenens og egne krav og forventninger.

Samtidig var der en indre stemme, der bebrejdede mig og talte nedsættende til mig. Jeg havde det ikke godt med mig selv. Der var tidspunkter, hvor jeg virkelig hadede at være mig. Jeg følte, at jeg var den eneste i hele verden, der var så håbløs. Jeg var ude af stand til at forstå mine omgivelser og gik rundt med en følelse af ensomhed og forladthed, så jeg flere gange troede, at jeg stammede fra en anden menneskerace. Jeg kunne genkende noget af mig selv, når jeg så på billeder af mine forældre som unge og alligevel følte jeg mig fjern fra dem. Jeg levede stille og opfyldte mine pligter. Jeg affandt mig med det, der var. Sådan var det i begyndelsen. Jeg tilpassede mig omgivelserne.

Min mor har sidenhen fortalt mig, at hun var meget syg, da hun ventede mig. Faktisk så syg, at læger rådede hende til at få en abort. Hun var sengeliggende i 7 ud af 9 måneder, og da jeg endelig meldte min ankomst, var fødslen langtrukken og forpint. Min mor var tæt på at miste livet, så jeg blev naturligvis fjernet fra hende og lagt i en krybbe. Kontakten til hende begyndte først, da hendes helbred tillod det langt senere. Det var sådan, det var og det er helt okay.

I dag ved jeg, at den start jeg fik som foster, hvor jeg forårsagede smerte og sygdom hos min mor, var med til at så det kim, der siden har fulgt mig gennem livet: Er jeg værdig til at leve? Det har naturligvis påvirket min tilknytning til min mor og derigennem grundlagt følelsen af at være alene i verden.

De fleste af os forsøger livet igennem at forstå meningen med livet. Vi prøver at finde meningen ved at undersøge, hvad der skete i barndommen, hvilke forhindringer og smerter eller svigt vi er stødt på i vores opvækst. Nogle af os leder efter en plan, der gør det lettere for os at forstå fortiden, så vi bedre kan planlægge fremtiden. Vi har alle grundlæggende et behov for at passe ind i det store billede. At høre til og være i kontakt med kærlighed. Uden disse to grundlæggende behov er vi ensomme og vi vil bruge vores liv på at stræbe efter mening, samhørighed og kærlighed.

Da jeg blev teenager, mærkede jeg en voldsom indre energi og vrede vokse frem. ***Min indre amazonekriger.*** Hun kæmpede for retten til eksistens og retten til at høre til. Min amazonekriger har fulgt mig op gennem min ungdom og i mit voksenliv. Det var hende, der brød med de normer og regler, der var i mit familiesystem. Det var hende, der trodsede omverdenen og hun havde en enorm udlængsel. Hun ville erobre verden. Hun var ofte i indre krig med tvivlen på, om jeg virkelig havde ret til at være i denne verden. Hun var altid på arbejde. Min amazone er stadig en del af mit liv, men jeg har lært at kommunikere med hende og har derigennem forstået hendes positive intention og hensigt. Hun er grunden til, at jeg kæmpede for at blive, for hun kunne vise mig, hvad der er vigtigt at kæmpe for.

Da jeg så stod som Moses ved Det Røde Hav og følte mig fortabt, handlede det om, at jeg havde gået gennem livet i en evig kamp og flugttilstand. Vi ved, at krop og psyke hænger sammen, så den evige stress, lige fra fostertilstanden, hvor jeg kæmpede og flygtede, havde påvirket hele min krop, mit nervesystem, sind og sjæl. Jeg blev træt. Facaden faldt og jeg var åben og sårbar. Jeg var blevet tjekket for alverdens fysiske lidelser såsom dårligt hjerte, sklerose og epilepsi, men jeg fejlede intet fysisk. Systemet meldte blot shutdown.

Jeg havde to skønne små drenge og en vidunderlig mand. Vi havde hus, bil og arbejde. Alt var godt og alligevel kastede jeg håndklædet i ringen og brød fuldstændig sammen. Jeg blev overvældet af tomhed, håbløshed og opgivenhed.

Heldigvis havde jeg min højt elskede mand og mine drenge. I dag er jeg dem alle tre dybt taknemmelige for, at de stod strabadserne igennem sammen med mig.

Det tog mig tre år at få skabt forbindelse til min kerne, så jeg nogenlunde kunne være i verden. Da jeg var på et rimeligt funktionsniveau, startede jeg på en psykoterapeutuddannelse. Sammen med min mand og mine to drenge blev det min redning ind i forståelsen af, hvorfor jeg altid havde kæmpet og flygtet. Hvorfor jeg altid havde følt mig alene og ensom. De vigtigste mennesker i mit liv, ud over mig selv, er utvivlsomt mine drenge og min mand.

Mine børn har gennem deres ankomst og opvækst været med til at åbne mit hjerte og fået mig til at føle mig i kontakt med kærligheden. Mine børn har været årsag til min største lykkefølelse og har bragt mig i kontakt med ubetinget kærlighed. En følelse af at elske ud over alle grænser, at elske uden forventninger og uden krav om noget som helst. Bare følelsen af at elske.

Gennem deres ankomst og opvækst har de ansporet mig til at se nærmere på mig selv og lære mig selv bedre at kende.

I dag er jeg taknemmelig for livet, at det blev skænket til mig. Jeg er taknemmelig for, at min mand og mine drenge blev ved mig, også når jeg var ved at forlade dem af skamfuldhed over min tilstedeværelse. Jeg er kommet hjem i mig selv og mit indre bryllup er fejret gennem flere års indre arbejde. Koblingen mellem min indre kerne og virkeligheden, har for mig gået, gennem sandplay-terapi, spædbarnsterapi, eventyr og fortællinger, det narrative, samt familieopstillinger og lignende metoder. Jeg har derfor, på egen krop og i eget sind og sjæl, mærket, hvordan lidelse kan forandres til visdom, indre styrke og ressourcer. Det er en udvikling og proces, der vil vare ved, men hver gang bliver jeg blot endnu klogere på mig selv og omverdenen. Jeg har fået et bedre, mere tilfredsstillende og på alle måder rigere og friere liv ved at blive bevidst om den symbolske verden og mit indre landskab. Da jeg lærte at leve i overensstemmelse med den, jeg er, fik jeg et langt lettere, lysere og rigere liv. I processen er nye, dybe venskaber kommet til og andre venskaber har jeg sluppet, da de ikke længere nærede min sjæl og mit sind.

Denne bog er tiltænkt de unge og voksne, der, af forskellige årsager, genkender ensomheden, frygten, tomheden og følelsen af ikke at slå til i livet. Følelsen af mistro til om kærligheden virkelig eksisterer.

Bogen indeholder to eventyr og er lavet med udgangspunkt i egne erfaringer og oplevelser.

I min praksis møder jeg klienter, både børn, unge og voksne, der går lignende processer og udvikling i møde. Jeg er det kærlige vidne til mine klienters indre verden og i fællesskab skaber vi øget forståelse for deres indre landkort, visdom om positive intentioner og kærlighed.

Jeg har skrevet bogen i håb om at kunne inspirere dig, der indimellem har udfordringer, så du kan kigge nærmere på dit *indre landkort*, lære din visdom at kende og se dine skygger i øjnene, for derved at frigøre mere kærlighed og energi – i dit liv og i dine relationer.

Bogen er skrevet for at støtte og guide andre til at begive sig ud på den rejse, jeg og mange andre har været på. Rejsen mod at føle sig hjemme, i fred med sig selv og harmoni med trofaste venner og livsledsagere. I bedre kontakt med kærligheden.

Det har været min hensigt at skrive en enkel og praktisk anvendelig bog, som kan give dig lyst og mod til at kigge nærmere på dig selv, og som samtidig kan fungere som en lille praksisguide, når du i hverdagen støder på udfordringer eller egne skyggesider. Måske sætte dig i stand til at begynde forvandlingen på egen hånd.

Bogen skal ikke betragtes som endnu en teoretisk selvhjælpsbog, men snarere som en inspiration til unge og voksne.

God læselyst – og god rejse.

De kærligste hilsner

Marianne Rose Dupont

Indledning

Hvor er du lige nu? Luk øjnene og beskriv, hvor du føler, du er. Er du i en skov, have, ved stranden eller måske i en ørken eller by? Er du faret vild, eller er du lige, hvor du gerne vil være? Se det for dig og mærk det. Dette indre landskab behøver slet ikke ligne et sted, du kender. Du kan sidde i din yndlingsstol i stuen og se ud i haven, men samtidig føle dig fanget i et barsk indre landskab. Det indre landskab er alt det du føler og ser, når du lukker øjnene og fokuserer på, hvor du i virkeligheden befinder dig.
Måske tror du, at livet har mere at byde på, end det du hidtil har oplevet? Måske er du fyldt af tvivl, fordi du ikke aner, hvordan du skal begynde at skabe et bedre liv? Måske tænker du, at du gør alt, hvad du kan, men resultaterne ikke svarer til din indsats eller dine forventninger? Det kan også være, at du ser mennesker omkring dig, ser deres problemer, og du føler dig hjælpeløs, fordi du gerne vil gøre deres liv mindre stressende eller smertefuldt?

Måske føler du dig ensom eller forladt, eller måske ligefrem som en fremmed på denne planet?

Er du frustreret eller ulykkelig over det sted, du befinder dig lige nu? Mangler du kærlighed?

De fleste mennesker går gennem perioder i deres liv, hvor de føler sig anderledes og måske fortabte eller fanget i hverdagens trummerum. I disse situationer kan vores *psykologiske landskab*, som blandt andet er dannet af vores følelser, overbevisninger, erfaringer og tanker, være vejviser ud af den livssituation, vi i øjeblikket befinder os i.

Det forholder sig nemlig således, at når du først har fået øje på din egen psykologiske eller indre verden, kan du, ved hjælp af symbolsproget, ændre din virkelighed, ved at ændre det indre billede. Det er en spændende rejse ind i det ubevidste og symbolernes verden, men det er her, vi finder vores styrke, tapperhed, visdom og kærlighed.

Når du bliver spurgt: "Hvor er du?", kan du træde ind i dit indre landkort og udforske, hvor du befinder dig og du kan opdage omstændigheder eller oplevelser, der tegner din nuværende aktuelle livssituation. Alt hvad du er, findes i dit indre landkort. Du skal bare vide, hvordan du bruger det til at navigere i livet. Det indre landkort er en værdifuld hjælp til at se sit liv for sig og fokuserer på forskellige hændelser. Når vi er ulykkelige og ikke trives, kan vi, ved hjælp af symbolsproget, finde vores skjulte skatte og lytte til de historier, der bliver fortalt i vores indre. Undersøge visdommen og intentionen, bag historierne.

Ligesom naturen forandrer sig ved årstidernes skiften, sådan forandrer mennesker sig, både deres ydre og deres indre. Forandring er jo nærmest det eneste, der er uforanderligt. Alt er i bevægelse. Solen står op og går ned, dyr vandrer, vinden blæser og jorden drejer om sig selv. Selv i vores krop er der bevægelse på alle planer. Blodet løber i vores årer og tankerne flyver. For at kunne stå fast når forandringens vinde blæser, er det vigtigt, at vi kender os selv og vores inderste værdier. Vigtigt, at vi lever vores liv indefra og ud, og lader vores inderste landkort vise os vejen gennem livet. Særdeles vigtigt er det at acceptere sig selv gennem kærligheden.

At leve indefra og ud kræver, at vi kender os selv og kan mærke, hvad vi føler, hvad der er rigtigt at gøre, samt tør stå ved det. Hvis vi lever det meste af vores liv udefra og ind, bliver det svært at vide, hvem vi virkelig er inderst inde. Når vi lever livet udefra og ind, har vi fokus på andres behov og følelser. Ofte sker det for at tilpasse os omgivelserne, fordi vi er bange for at blive såret, svigtet, være alene eller tabe ansigt. Mennesker er flokdyr, og vi er ubevidst villige til at ofre vores egen integritet for fællesskabet. Hvis det sker i for stort omfang, mister vi forbindelsen til os selv. Når vi bruger for meget energi på at passe ind i familiesystemet, skolesystemet og fællesskabet er det fordi, mennesker ikke kan overleve alene. Som nyfødt, og de efterfølgende mange år, er vi helt afhængige af vores omgivelser. Hvis vi blev efterladt, ville vi dø.

Vi er forprogrammeret til at tilpasse os den familie og det system, vi bliver født ind i. For at overleve skal det nyfødte barn vække omsorgen i de nære relationer. Hvis der følger tryg tilknytning og kærlighed med fra de nære omsorgspersoner, er vi godt stillet. Men det er ikke et krav, vi kan forvente at få opfyldt. Vores biologiske forældre skænkede os livet, det mest dyrebare, og det skal vi være taknemmelige for. Hos mine klienter oplever jeg ofte, at når de først får øje på, at livet er det mest dyrebare, de har fået, og de derefter slipper deres forventninger til, at omgivelserne burde give dem mere, så starter kærligheden til livet, dem selv og deres relationer.

I det øjeblik du begynder at undersøge sandheden om dig selv og udforske din indre verden, sætter du nøglen i døren til dine skjulte ressourcer. Du tager et væsentligt skridt mod dit indre skatkammer.

Livet behøver ikke at være udmattende og man behøver ikke føle sig stresset, fortabt, alene, fortvivlet, misforstået, uelsket eller forkert. Der findes altid en vej ud. Tro mig, jeg har selv været der, hvor alt lys var slukket og intetheden var min eneste følgesvend. Trods det kan man navigere mod mere lys og de folk, der vil støtte og hjælpe én tilbage til lyset findes, selv i mørket.

Rejsen mod indre visdom kræver, at der er kærlige vidner til stede i dit liv. Mennesker, der gerne vil støtte og hjælpe dig. Det kan være en trofast ven, en lærer, en terapeut eller en hvilken som helst anden, der kan bevidne din rejse og hjælpe dig undervejs.

Som du vil læse i de kommende eventyr, findes hjælperen i forskellige former. Det er ikke altid, vi selv kan få øje på, hvem det er, men bare man er åben for hjælp, kommer den. Uanset hvilke mytologier, fortællinger eller eventyr du kender, findes der altid en hjælper til den, der er på rejse.

Vores sind er så viseligt indrettet, at de udfordringer vi præsenteres for, er dem vi har ressourcerne til at arbejde med. Hver gang vi møder eller konfronteres med sider af os selv, der kan være smertefulde, skræmmende eller måske lammende, møder vi potentialet for udvikling. Når vi synes, nogen eller noget er frastødende, eller vi føler, at vi ikke har lov til at have succes og tage noget værdifuldt til os, støder vi på det symbol, som Carl Gustav Jung beskrev som "skyggen."

Skyggen indeholder alt det fortrængte, ubevidste materiale.

Når vi går i gang med en udviklingsrejse, kan vi selv tydeligt mærke, når noget ændrer sig indeni, og vi begynder at handle og agere anderledes, end vi hidtil har gjort.

Når vi først beslutter os for at tage ud på den rejse, hvor målet er at leve i flow med kærlighed og samhørighed, sker det ikke bare i løbet af en enkelt øvelse, en enkelt selvhjælpsbog eller over få uger. Det er en langvarig proces, hvor vi bliver mere og mere vis på os selv, lag for lag.

At være Pil

Dengang for længe siden, hvor alle vidste, at forskellige skabninger kunne leve i harmoni med hinanden, var der et lille væsen, der hed Pil. Hun levede dybt inde i en stor skov. Faktisk var hun en del af skoven. Hun var ud af en søskendeflok på tre.

Pil var den yngste af de tre søskende. Derefter kom hendes storesøster Cypres og den ældste var hendes storebror Douglas.

Douglas havde store planer om at blive skovens mægtigste. Han var kun 75 år ældre end Pil men var alligevel stor, høj og stolt. Mange af de omkringstående træer så op til Douglas. Det var som om, han var forudbestemt til at blive skovens overhoved.

Douglas tog alt meget seriøst og han brugte al sin tid på at vokse sig stor og stærk. Det var ham, der skulle føre familiens traditioner videre, så der var store forventninger til ham.

Cypres var noget lavere end Douglas, men til gengæld var hun kraftigere. Hun var 37 år ældre end Pil. Cypres elskede at sprede sine rødder i alle mulige retninger. Hun var en munter søster, der havde let til grin og holdt af at snakke med andre.

Pil var lille og spinkel. Hun havde svært ved at stå stille for at slå rødder, og hun elskede at løbe rundt i skoven for at møde andre væsner og lege med skovens dyr. Hver gang en bænkebider kravlede på hendes tynde bark, syntes hun, det kriblede over alt på hende. Hun elskede at svaje i vinden, og det bedste hun vidste, var at løbe ned til skovsøen for at stå i det friske søvand.

Nede ved skovsøen boede Hr. Eg. Hvis Pil skulle gætte hans alder, var Den Gamle Eg mere end 700 år.

Hr. Eg var rynket og kraftig. Hans bark var tyk og havde aftegninger af gamle ar. Omkring ham boede mange af skovens fugle og han var hjem for skovens egern og pindsvin.

Mange af skovens dyr samledes omkring Hr. Eg for at lytte til hans historier om livet i skoven.

Pil var den eneste, der besøgte Den Gamle Eg dagligt. Hun følte sig så tryg, når hun stod tæt op ad den kraftige stamme og mærkede, hvordan Hr. Eg nærede sig af skovens dybe vand. Det var som om, at han indeholdt en masse historier og hemmeligheder.

En dag skete der noget mærkeligt. Imens Pil stod og lænede sig op ad egestammen, hørte hun en underlig knirken. Det var en lyd, hun aldrig før havde hørt. Pil så op på en af grenene på egetræet. Hun spærrede øjnene op, for det hun så, ville hverken Douglas eller Cypres sikkert tro på. Hvis Pil ikke havde været der selv, ville hun heller ikke have troet sine egne øjne.

Lige der, på den tykke egegren over Pils hoved, kom der en lille bitte dør til syne. Pil spærrede øjnene op, for midt i døren stod en lille bitte dreng. Han var ikke større end neglen på en mår. Drengen havde strithår og bare tæer. Hans bukser var lavet af egetræets lysegrønne blade. På hovedet havde han en fjer fra skovens mindste fugl, en fuglekongeunge. Da han opdagede Pil, vinkede han til hende. Det virkede nærmest som om, han ville fortælle eller vise Pil noget. Forsigtigt løftede Pil en af sine grene helt tæt på den lille dreng. Han hoppede over på hende og kravlede helt op til Pils ansigt.

"Hvem er du?" spurgte Pil

"Jeg hedder Skovgut og jeg bor i egeskoven"

Skovgut fortalte Pil, om hans færden inde i den gamle egeskov. Han stammede fra en sjælden art af skovvæsner, der lever i egetræer. Skovguts arbejde var at hjælpe de store egetræer med at holde styr på alle de indre historier, der hobede sig op inde i træstammen. Livets historier. De skulle sorteres og placeres i forskellige kategorier, alt efter om det var sjove, gode eller uhyggelige historier.

Hvis Skovgut og hans slægt ikke passede deres arbejde, ville de gamle egetræer visne og dø. Alle livets historier ville hobe sig op, så træet ikke kunne suge vand fra skovens bund. Stammen og de kapillærrør, der sørger for at træet kan suge vand, ville blive stoppet.

Jo ældre egetræet var, jo flere af livets historier var der at sortere, så Skovgut havde masser af arbejde. Han fortalte Pil, at denne skovs ældste egetræ var 789 år.

Pil lyttede interesseret til Skovgut. Hun havde aldrig hørt om eller set dette skovvæsen før.

Pil havde lyttet til mange historier fra Hr. Eg og vidste, han indeholdt endnu flere.

Skovgut kunne mærke Pils interesse og spurgte, om hun kunne tænke sig at hjælpe ham med at sortere historier inde i egetræet.

"Hvis du drikker tre dråber saft fra et frisk skud på egetræets kviste, skrumper du ind og får samme størrelse som mig, så kan vi følges ad," forklarede Skovgut.

Pil var ikke et sekund i tvivl. Hun løftede Skovgut op til den lille dør på egestammen. Så fandt hun en frisk kvist på egetræet, bøjede kvisten en lille smule, så der dryppede lige netop tre dråber saft ud. Inden hun kunne nå at blinke, var hun skrumpet ind til en lille bitte Pil. Hun kravlede op og stod nu ved siden af Skovgut

"Det er vigtigt, at du hele tiden holder dig tæt ved mig, for der findes så mange gange og faldgruber derinde, at man let farer vild," forklarede han Pil. "Det er ikke ufarligt at være derinde, for man kan blive opslugt af en historie og blive fanget af den, så man ikke selv kan slippe ud igen. Hvis det sker, er den eneste redning at lukke øjnene og forestille sig et bedre sted hen. Men jo længere tid man er fanget af historien, jo sværere er det at slippe ud igen. Det er som om, at historiens tag i en bliver stærkere og stærkere. Til sidst kan man blive helt opslugt af historien og være fanget i den for evigt."

Pil kunne mærke, hvordan det på samme tid både kildede af nysgerrighed og skræmte hende.

Skovgut blinkede til Pil, tog hende i hånden og sammen gik de ind gennem den lille dør. Døren lukkede sig bag dem og Pil kunne høre, hvordan den voksede sammen med egetræet igen.

Der var helt stille og helt mørkt inde i træet. Skovgut og Pil stod stille ved siden af hinanden. Langt ude i det fjerne kunne Pil høre en masse stemmer, der kom fra alle mulige retninger.

I samme sekund begyndte bitte små lamper at lyse op. De små lamper spredte sig i alle retninger. Deres lys viste et utal af små stier, trapper og huler. Overalt hvor Pil så hen, skimtede hun en lille vej.

Skovgut forklarede Pil, at når man tænker glade tanker, lyser de små lamper op, og viser vej. Lamperne får nemlig energi fra de glade tanker. Jo gladere tanker man har, jo stærkere lyser de og viser den rette vej frem.

Skovgut bukkede sig ned og tog sin rygsæk på. Så tog han Pil i hånden igen og sammen begyndte de deres rejse for at møde træets historier.

Måneplets rejse

Jo længere ind i træet de gik, jo tydeligere kunne de høre stemmerne. Skovgut førte an. Stemmerne, de hørte, stammede fra en af træets historier - en historie der endnu ikke var fanget og placeret på det rigtige sted. Derfor svævede historien rundt i det ukendte. Jo længere tid den svævede rundt på den måde, jo større ville den vokse sig. Hvis den ikke blev fanget i tide, ville den til sidst blive så stor, at den kunne stoppe et af de kapillærrør, der sørger for næring og livskraft til træet.

Da de nærmede sig historien, stoppede Skovgut op. Han stod helt ubevægelig og musestille. Ikke engang fjeren i hans hår bevægede sig. Det virkede som om, han holdt vejret. Pil stod helt ubevægelig bag ham. Skovgut åbnede forsigtigt sin rygsæk og fandt en glaskugle frem.

Han hviskede til Pil, at glaskuglen ville lyse med et lilla skær, jo nærmere de kom historien. Den svævende historie ville blive tiltrukket af kuglens lilla skær for til sidst at blive indfanget i glaskuglen. Afhængig af historiens indhold ville glaskuglen skifte farve. Hvis kuglen blev hvid, var det en god historie med en lykkelig slutning, men hvis glaskuglen skiftede farve til sort, var det en af de uhyggelige historier. Så skulle den håndteres med stor respekt og forsigtighed.

Opgaven bestod herefter i at transportere glaskuglen til den rigtige hule, så den kunne opbevares på rette sted.

Pil kunne mærke på Skovgut, at han virkede anspændt og helt fokuseret. Det var som om, Skovguts øjne skiftede farve fra klare himmelblå til mørkegrønne.

Stille som en spidsmus listede de sig nærmere og nærmere historien. Da de var tilpas tæt på, tog Skovgut nogle tørre blade fra rygsækken og puttede dem i sine ører. Med hænderne viste han Pil, at hun skulle holde sig for ørerne. Hvis man lyttede for meget til historiens stemme, kunne man blive fortryllet og fanget i den.

De listede videre. Pil kunne mærke historiens bevægelser i omgivelserne. Hendes hjerte bankede næsten i takt med historiens puls. Det var som om, hun blev tiltrukket af historien, den virkede dragende på hende og ønskede, at hun skulle lytte til dens beretning.

Endnu engang stoppede Skovgut op og åbnede rygsækken. Han tog et par briller på, der forhindrede ham i at se hele historien på en gang. Med disse briller kunne han kun se et lille udklip af historiens gang. Bagefter tog han et kraftigt stykke bark og snørede det omkring sit hjerte og sin mave. Med dette stykke bark ville han ikke blive så påvirket af historien, og det ville holde afstand til hans følelser, ligesom en rustning holder fjendens spidse spyd på afstand. Skovgut bad Pil vente her og således bevægede han sig rundt om det sidste hjørne for at indfange historien.

Pil blev siddende musestille. Hun turde næsten ikke trække vejret.

Der var stille i træet. Det var som om, hele verden stod stille nu. Ikke en lyd kunne høres. Historien stod stille. Ingen bevægelser, ingenting.

Pludselig blev Pil blændet af et skarpt lys. Hun mistede synet for et øjeblik og lukkede øjnene. Da hun åbnede øjnene igen, var alt mørkt omkring hende. Langt ude kunne hun fornemme Skovgut råbe et eller andet til hende.

Hun var i syv sind. Hvad var der sket? Hvad skulle hun gøre? Skulle hun blive her i mørket, eller havde Skovgut brug for hendes hjælp? Havde historien opslugt ham og var ved at fortære ham? Pil turde ikke røre på sig. Hun sad ubevægelig i mørket og forsøgte at opfange de ord, hun hørte. Forsigtigt flyttede hun hænderne væk fra hendes ører, bange for hvad hun måtte høre. Pil nåede lige akkurat at høre de sidste ord fra Skovgut, inden han forsvandt helt ind i historien.

"Find glaskuglen," lød det som om han råbte - og så var alt helt stille igen.

Pil sad længe i mørket, lyttede til den larmende stilhed. "Find glaskuglen," havde Skovgut råbt. Pil anede ikke, hvordan hun skulle finde glaskuglen, eller hvordan hun skulle få Skovgut ud af historien igen. Og hvor var historien svævet hen? Hun var bange og utryg. Den eneste lyd, der hørtes, var hendes hjertebanken.

Pil vidste ikke, hvor længe hun havde siddet stille i mørket. Måske var hun faldet i søvn. Hun mærkede noget pusle bag hende. Hun stivnede af skræk. Stille vendte hun sig om og fik øje på en lille larve, der langsomt bevægede sig fremad. Larven var omgivet af det smukt hvidt lys. Den nærmede sig Pil. Det virkede ikke som om, den havde set hende her i mørket.

"Hvem er du?" spurgte Pil.

Larven stoppede øjeblikkeligt op.

"Hvem der?" spurgte larven.

Pil præsenterede sig og forklarede, hvorfor hun sad her i mørket.

"Jeg hedder Måneplet," præsenterede larven sig.

Måneplet forklarede Pil, at den havde fået sit navn efter, hvem den var. Larven var blind og kun når fuldmånens stråler ramte den, ville den forvandle sig til en sommerfugl. Larven ænsede derfor ikke mørket og den var på vej ud af egetræet, for næste fuldmåne var om syv dage. Måneplet skulle holde sig i konstant bevægelse for at nå udgangen, inden de syv dage var gået.

Det var den eneste chance, den havde for at nå forvandlingen. Hvis Måneplet ikke nåede ud, inden de syv dage var gået, ville den visne og blive et tomt hylster.

"Men hvordan kan du vide i hvilken retning, du skal krybe, når du ikke kan se noget?" ville Pil vide.

Måneplet forklarede, at det var månens kraft, der guidede den.

Pil begyndte at græde. Alt virkede håbløst. Hun ville gerne hjælpe Måneplet med at finde udgangen inden næste fuldmåne, men hun måtte også finde glaskuglen med historien, der holdt Skovgut fanget. Måneplet kunne fornemme at Pil græd.

"Hvorfor græder du," spurgte larven.

Pil fortalte Måneplet om, hvordan hun havde mødt Skovgut og at de sammen skulle indfange livshistorier og om hvordan Skovgut var blevet opslugt af en mørk historie og var forsvundet. Sammen med Skovgut forsvandt lyset og Pil vidste ikke, hvordan hun skulle finde glaskuglen og vejen ud.

"Kan du hjælpe mig med at finde glaskuglen og redde Skovgut?" spurgte Pil.

Måneplet sad et stykke tid og overvejede situationen. Herefter indgik de to en aftale. Hvis Måneplet hjalp Pil med at finde historien, skulle Pil sørge for at Måneplet nåede ud af egetræet inden syv døgn.

Sammen begyndte de to venner deres rejse på jagt efter glaskuglen og udgangen til månen.

Hr. Butsnude

Måneplet krøb forrest og viste Pil vejen. En gang imellem stoppede larven for at opfange månens kraft. Pil gik i blinde bag Måneplet. Hun var bange for, at de ikke ville nå at finde glaskuglen og udgangen, inden de syv døgn var gået. Hendes tanker blev opgivende og dystre. *Hvad ville der ske med Skovgut, hvis hun ikke fandt glaskuglen? Hvordan skulle hun nogensinde selv finde ud af det gamle egetræ? Kunne hun virkelig tillade sig at bede Måneplet om hjælp, når larvens eneste chance for forvandling var kontakten med fuldmånens stråler.*

Det var som om, mørket omkring hende blev endnu mere mørkt. Som om det påvirkede hendes tanker. Hun begyndte at føle sig fortabt, overladt til om Måneplet kunne fornemme i hvilken retning, de skulle finde glaskuglen. Hendes skæbne afhang af Måneplet.

De to venner fortsatte deres langsomme rejse. Pil savnede Douglas' bedrevidende gode råd og Cypres' smittende latter. Hun savnede at løbe rundt i lyset og stå med rødderne i søens kolde og friske vand.

Pil fumlede sig frem og fulgte Måneplets anvisninger. Måneplet krøb upåvirket af Pils opgivenhed støt fremad.

En gang imellem fornemmede Pil bevægelse og andre stemninger og livshistorier inde i træet, men ingen af delene fik hende til at ændre tanker. Pil mistede tidsfornemmelsen, så hun anede ikke om de havde vandret i flere timer eller dage. Måske var hun fortabt og måske ville Måneplet pludselig visne og blive til et tomt hylster, og det ville være Pils skyld.

Som rejsen fortsatte, blev Pils tanker så mørke og dystre, at hun var lige ved at give op. Bare lægge sig ned og lade sig fuldstændig opsluge af mørket. Lade mørket forvandle hende, tørre ind og visne. Ligesom hun gik der, i sin egen fortvivlelse hørte hun noget. Hun stoppede op. Jo, det lød minsandten som om, der var en eller anden, der sang.

Nej, det kunne ikke passe. Hvem kunne synge herinde i mørket? Det måtte være hendes egne tanker, der spillede hende et puds.

Endnu engang lød det som en munter stemme, der sang. Pil kunne ikke genkende stemmen eller sangen. Det lød næsten som et fremmed sprog. Kunne det virkelig passe? Et kort øjeblik blev Pils tanker fyldt med håb og glæde.

Et svagt lys omkring hende lyste op. Nå jo, nu huskede hun, hvad Skovgut havde sagt. Lyset kommer af glade tanker. Pil anstrengte sig og forsøgte at tænke på nogle af de sjove og dejlige oplevelser, hun havde haft sammen med Douglas og Cypres. Jo mere hun koncentrerede sig om de glade tanker og historier, jo mere lyste omgivelserne op.

Så skete det, at Pil fik øje på en frø, der sad på en sten og kvækkede. Frøen virkede veltilpas og tilfreds med livet. Pil blev nysgerrig og skyndte sig hen til frøen. Hvor kom den fra og hvorfor var den i så strålende humør?

Frøen præsenterede sig som Hr. Butsnude.

Han var en lille frø med lysebrune og mørkebrune farver. Hans stemme lød fortryllende.

Hr. Butsnude fortalte, at han var i det mest festlige humør, fordi han vogtede indgangen til Livets Kilde og de gemte glaskugler. Hver gang Skovgut skulle pladser en glaskugle det rigtige sted i egetræet, var det Hr. Butsnude der åbnede døren for ham. For ikke så lang tid siden, havde Hr. Butsnude åbnet døren, men denne gang var Skovgut indeni i glaskuglen. Indgangen var en lille dør af træ med gamle hængsler.

Hr. Butsnude forklarede, at bag døren var spindeltrappen, der førte ned til bunden, hvor Livets Kilde begyndte. I en grotte dernede lå både de smukkeste og mørkeste glaskugler og indeholdt historier fra en svunden tid. Hver gang en ny glaskugle ankom, var det hans arbejde at åbne den gamle trædør så glaskuglen fik adgang til dens rette sted. Ingen vidste, hvilke glaskugler der lå hvor, og ingen vidste hvor mange glaskugler, der fandtes.

Pil spærrede øjnene op. Var det virkelig muligt? Havde de fundet frem til det sted, hvor den glaskugle Skovgut var fanget i, befandt sig? Pil kunne næsten ikke være i sin egen krop af begejstring. Hun hoppede op og ned ad glæde.

Hr. Butsnude blev tavs og stirrede på Pil. Så kvækkede han af hjertets lyst, så det lød som det vidunderligste grin, Pil længe havde hørt.

Pil grinede og dansede rundt.

"Kære Hr. Butsnude, vil du gøre mig en tjeneste at hente den glaskugle, hvor min ven Skovgut er fanget i?" råbte Pil begejstret.

Hr. Butsnude blev tavs. Selv Måneplet stoppede sine langsomme bevægelser.

"Pil, for at hente en glaskugle op fra grotten, skal man kunne se sig selv i øjnene og acceptere sig selv, som man er, med alt hvad det indeholder. Mange har forsøgt at redde eller ændre på historiens gang og har begivet sig ned af den lange spindeltrappe for derefter at blive opslugt af skyggerne."

Pil fik en klump i halsen. Lyset omkring hende begyndte at svinde. Hendes opgivende tanker vendte tilbage.

"Hvad kræves der for, at jeg kan acceptere mig selv fuldt ud, som jeg er?" spurgte Pil med en svag stemme.

Lyset var næsten væk nu og hun kunne kun lige akkurat skimte Hr. Butsnude og Måneplet.

Hr. Butsnude forklarer Pil, at det kun er den, der søger, som kan finde den rigtige glaskugle. Derfor må Pil selv gå ned af trappen og finde grotten og Livets Kilde. På vej derned vil hun møde forskellige sider af sig selv. Nogle vil være rare og hjælpsomme, men andre vil være uhyggelige, grimme og skræmme hende. Det vil kræve al hendes mod at turde møde disse sider og alligevel kan hun ikke være sikker på at få den rigtige glaskugle med op, hvis hun i det hele taget kommer op igen.

Pil ville vide, hvordan hun kunne finde den rigtige glaskugle.

Hr. Butsnude forklarede, at det ikke var Pil, der skulle finde den rigtige glaskugle, men glaskuglen der skulle finde hende. Den ville give sig til kende, når rette tid var. Først når Livets Kilde og dens vogter besluttede sig for, at hun havde accepteret sit fulde selv, ville glaskuglen give sig til kende på den ene eller anden måde.

Pli tøvede. Hun så på Måneplet og over på Hr. Butsnude. Hvis hun ikke begav sig af sted nu, ville hun svigte Skovgut og Måneplet. De ville måske begge gå til på grund af hendes manglende mod. På den anden side var det Skovgut selv, der havde ladet sig opsluge af historien, så han havde måske ønsket at forsvinde og Måneplet kunne krybe mod fuldmånen hurtigere, når Pil ikke sænkede hende.

Pil stod et stykke tid og mærkede dilemmaet mellem følelser og fornuft.

Nej, der var ikke noget at gøre. Hun måtte redde dem og sørge for, at Måneplet kom ud af træet inden næste fuldmåne. Hun måtte finde Skovgut igen, også selvom hun risikerede at gå til grunde. Denne del af rejsen måtte Pil klare alene.

Pil tog en dyb indånding, åbnede den gamle trædør og begav sig forsigtigt ned af spindeltrappen. Hun kunne høre sine egne skridt give genlyd langt, langt nede. Der lugtede muggent og indelukket. Pil fortsatte forsigtigt ned af trappen.

Der gik ikke ret længe, inden hun stødte på det første møde med sig selv. Det kom til hende som et billede, der bæres af vinden. Billedet forestillede en lille Pil, der løb rundt i skoven og legede. Hun var ikke ret gammel og hun løb alene rundt og talte med dyrene. Hun talte endda med dyr, der slet ikke findes - fabeldyr og fjeldaber. Det var som om, hun var i sin egen lille verden, sin egen lille boble. Den lille Pil havde en magisk udstråling. Ja, hun virkede så uskyldig. Hver gang hun stødte på nogen eller noget, der ikke havde det godt, sagde lille Pil en trylleformular, og alt blev forandret til det bedre. Det var som om, at denne Pil troede på alt det gode i verden og hun troede på, at alt kunne lade sig gøre. Pil havde ingen problemer med at acceptere, at verden består af det gode og alt kan lade sig gøre. Imens Pil betragtede lille Pil, begyndte billedet stille at ændre sig. Lille Pil mødte forskellige væsner og uanset, hvordan de så ud, hvis lille Pil syntes, de var grimme, forvandlede hun dem til noget smukt. Nogle af de forvandlede væsner led under forandringen, for de blev adskilt fra deres eget sande selv. De blev ændret, som lille Pil syntes de skulle være, og ikke som livet havde forudbestemt dem til at være. Lille Pil ændrede alt omkring sig uden respekt for rigtigt eller forkert. Hendes naive tro på, at der ikke fandtes noget grimt og ondt i verden, overtog billedet og gjorde det alt for pænt og sødt, som når man putter sukker på glasur.

Pil huskede Hr. Butsnudes forklaring om, at alt det hun mødte på vej ned af spindeltrappen, var udgaver af hende selv. Var hun virkelig så naiv, at hun ønskede at forvandle alt grimt, som var blevet skabt? Kunne hun i virkeligheden ikke se, at for at der kan være balance i naturen, skal der både være træer og buske med og uden torne. Dyr, der spiser planter og dyr, der spiser kød. Larver og sommerfugle, haletudser og frøer, lyst og mørkt, stort og småt.

Pil kom i tanke om sine søskende - Douglas den store og Cypres den kraftige. De var da forskellige og Pil ønskede bestemt ikke at ændre på dem. De var begge lige, som de skulle være. Pil havde svært ved at se sig selv som den uskyldige, magiske pige der påførte verden lys, men ikke vil erkende, at der også er mørke.

Pil tænkte sig grundigt om. Hun kunne svagt huske, at gamle Hr. Eg engang havde fortalt historien om en pige, der nægtede mørket, alt det grimme og uhyggelige i at eksistere. Derfor brugte pigen alle sine kræfter på at sprede lys. Men jo større lys pigen spredte, jo større skygge kastede lyset. Pil havde aldrig før spekuleret ret meget over den historie, men nu begyndte den at give mening. Langsomt nåede Pil til den erkendelse at ved at insistere på lysets beståen, måtte hun også anerkende mørket. De to var uadskillelige. Kun i kraft af mørket bestod lyset. Og kun i kraft af lyset bestod mørket. Den, der bildte sig andet ind, virkede måske uskyldig og magisk ved første øjekast, men var i virkeligheden med til at skabe ubalance i naturens orden.

Naturen bestod i kraft af hinandens modsætninger, både træer og dyr og alle andre væsner, indeholdt lys og mørke. Det var ikke hendes opgave at forandre andre til det bedre. Tværtimod skulle hun bruge sin energi på at acceptere naturen, som den var skabt. Give slip på trangen til at forandre andre og derimod se dybere ind i sig selv.

Da Pil indså, at hun en gang imellem havde den naive tro, at der kun skulle være lys og smukke skabninger, at det var et udtryk af hende selv, der uskyldigt arbejdede på at fordreje nature, skete der noget forunderligt.

Billedet som Pil betragtede, forvandledes til en lille lys perle, som landede i hendes hånd. Perlen indeholdt den visdom, der var at hente fra dette billede.

Med perlen i hånden gik hun længere ned af trappen.

Kort tid efter viste der sig et nyt billede. Dette billede var større end det første, farverne var kraftigere og der var mere bevægelse i det. I dette billede var der også lyd. Pil kunne høre og genkende sin egen stemme. Hun kunne høre lille Pils tanker så livligt, som hvis det blev fortalt. Den Pil, der var i billedet, følte sig alene i den store skov. Hun følte ikke, at hun hørte til nogen steder, for hun var så forskellig fra sine søskende. Hun var hverken stor og prægtig eller kraftig og grinende. Nej, hun var helt anderledes. Denne Pil følte, at hun var havnet i den forkerte skov, i det forkerte univers. Hun var alene og måtte derfor forsøge at klare sig selv. Flere af skovens beboere tilbød hende at være en del af deres familie, men hver gang afslog hun. Hun vandrede alene omkring i skoven og begyndte at bebrejde sig selv for at være anderledes. Hvorfor kunne hun ikke være som de andre i skoven? Hvorfor følte hun sig anderledes?

Pil betragtede billedet og kunne mærke, hvordan det stak i hendes hjerte. Hun følte med Pil i billedet, der var så frygtelig ensom og alene. Hun genkendte udmærket følelsen af at være anderledes. Hvor tit havde hun ikke hørt fra Douglas, at hun snart skulle falde til ro og slå rødder. Men hun havde bare ikke lyst til at stå stille. Hun var jo slet ikke færdig med at udforske verden. Hun nød at løbe rundt i skoven og især besøge den gamle Hr. Eg. Selvom hun var den eneste i skoven, der gjorde det hver dag, var hun overbevist om, at det var det rigtige for hende, også selvom det betød, at hun ikke var sammen med familien.

Billedet voksede sig større og større og der udspillede sig nu en virkelighed lige foran Pil, der på én gang både var tillokkende og afskyvækkende. Den Pil, der var i billedet, blev tiltrukket af andre ensomme væsner i skoven, der også vandrede rundt på, må og få. Usle, tyndslidte og ensomme. En gang imellem samledes de og var enige om, at den skov, de levede i, ikke var noget for dem. De var blevet afvist af deres egne familier, fordi de var anderledes. Det var det, de havde tilfælles, alle dem, der så så ensomme og udstødte ud.

Pil syntes, at de familier, der havde udstødt dem, var selviske og uretfærdige. De var smålige, fordi de ikke kunne rumme det, der var anderledes end dem selv. Pil begyndte at føle en vrede stige op i sig. Et dybt raseri var ved at tage form. Vrede mod sin egen familie. En vrede, der gjorde hende rasende, fordi den fik hende til at indse, at hendes familie ikke kunne forstå, at hun ikke havde lyst til at slå rødder.

Alt imens vreden voksede, forandrede billedet sig. Pil fornemmede omridset af sin bror og søster. De stod tæt og trøstede hinanden. I første omgang kunne Pil ikke forstå, hvorfor de var kede af det. Men så gik det op for hende, at de savnede hende. De følte ikke, at de var en hel familie, når hun ikke var til stede. For dem var Pil en del af deres familie. De havde ikke udstødt hende, hun havde selv valgt at gå. Pil så, at Douglas og Cypres faktisk også var ret forskellige og alligevel følte de sig som en del af hinandens familie, som en del af skoven.

Pil indså for første gang, at hun selv havde været skyld i følelsen af ensomhed, og følelsen af at være helt alene i skoven. Douglas og Cypres havde jo altid været der for hende. De stod fast og hun kunne altid finde dem, uanset om hun ville have overblik og gode råd fra Douglas eller hjertelig omsorg, grin og hygge sammen med Cypres.

Da Pil indså, at hun selv valgte, hvorvidt hun ønskede at være en del af noget eller ej, forvandledes billedet til en perle, der landede i hendes hånd. Pil tog imod perlen. Der løb en tåre ned ad hendes kind og hun tænkte igen på savnet af Douglas og Cypres.

Med de to perler hos sig, gik Pil endnu længere ned mod bunden for at finde grotten med glaskuglerne og Livets Kilde. Jo længere ned hun gik, jo mere lyste de to perler for hende. De viste hende vejen og mindede hende om den indsigt, hun allerede havde fået om sig selv.

Lige da hun troede, at hun havde nået enden af trappen, tårnede et nyt billede op. Denne gang var billedet så enormt, at det fyldte alt. Faktisk fyldte det så meget, at Pil blev en del af billedet. Alt forandredes. Pil stoppede op og så ned af sig selv og opdagede en stor flænge midt på hendes stamme. Det gjorde ondt og smerten var så voldsom, at Pil var lige ved at besvime. Hver gang hun trak vejret, smertede det i hendes bryst. Alt i hende gjorde ondt. Hvornår havde hun fået den flænge? Pil kunne se, at flængen kom indefra og ud. Det var altså ikke fordi, hun havde slået sig, at hun havde flængen. Et eller andet indeni hende var årsag til den. Den var endnu ikke helet og den så ud til at vokse sig større. Hvorfor havde hun den flænge? Nogen måtte da have set den. Douglas og måske Cypres kendte sikkert til den. Hvorfor havde de ikke passet bedre på hende og hvorfor havde de ikke sørget for, at hendes flænge kunne hele op? Det kunne de ikke være bekendt.

Pil blev pludselig voldsomt ked af det, for hun følte sig svigtet. Hendes familie vidste, at hun led uden at hjælpe hende. Hun blev overmandet af en dyb selvmedlidenhed. Hendes forældre eller søskende kunne i det mindste have fortalt hende, at smerten og flængen stammede fra et indre sår, så hun kunne søge hjælp hos andre. Elskede de hende slet ikke? Måske mente de ikke, at hun var værd at hjælpe eller måske var det slet ikke meningen, at hun skulle overleve. Det gjorde så smertende ondt, hver gang hun trak vejret. Hun kunne aldrig tilgive sin familie for den smerte.

Uden at være bevidst om det gik Pil længere ned af trappen. Hun gik i stødt og roligt tempo, nærmest i trance, som om hun var ved at give op eller lade sig

opsluge af indre smerte og selvmedlidenhed. Hun
følte, at alt kunne være lige meget. Pil ramte bunden
og stod nu ved Livets Kilde, der langsomt snoede sig
i alverdens retninger. Kilden var næsten tørret ud,
men der løb en lille bæk i en fordybning. Pil ænsede
ikke bækken. Hun stod bare på bunden og kunne
næsten ikke trække vejret af smerte og pinsel.
Hendes selvindsigt og fornuft var forsvundet
sammen med de to perler. Hun måtte have tabt dem
på vej ned af trappen. Det gjorde ondt at være i live,
så Pil trak forpint vejret en sidste gang, inden hun
sank sammen og lod sig falde ud i bækken og Livets
Kilde.

Herefter blev alt sort. Pil drev med strømmen, alt
imens hun forsvandt ind i sig selv.

Nidhug og Livets Kilde

Strømmen førte Pil til en grotte langt nede og langt væk fra det sted, hun havde startet sin rejse.

Hun vågnede, da hun mærkede noget puste hende i ansigtet. En eller anden stod bøjet hen over hende. Langsomt kom Pil til sig selv og så lige op i to gule lysende øjne. En drage.

Med et sæt var hun vågen. Hun rejste sig op. Hun vidste, at drager spyr ild og brænder træer og skove på deres færd. Pil mærkede angsten i sig og bevægede sig et skridt væk. Hun havde mest af alt lyst til at flygte, løbe så hurtigt hun kunne og bare stikke af fra det hele. Væk, så dragens flammer ikke kunne nå at brænde hende op. Hun glemte alt om sin flænge og indre smerte. Lige da hun skulle til at løbe, hørte hun dragen beklage sig. Hun vendte sig om og så nu direkte ind i dragens øjne. Hvis dragen ville brænde hende, ville det være så let som at trække vejret. Hun var et let offer for dragens altfortærende ild. Men dragen lå næsten ubevægelig og trak vejret. Pil kunne høre den klagede sig, men den bad ikke om hjælp. Det var nærmest som om, den var ligeglad med, om hun var der eller ej.

Pil blev stående, samlede alt sit mod og henvendte sig til dragen.

"Hvorfor ligger du her helt alene, mægtige drage?"

Først nu virkede det som om, dragen fik øje på Pil.

"Jeg er den mægtige Nidhug," svarede dragen. "Det er mig, der vogter over livskildens skatte."

Stemmen lød svag og absolut ikke en mægtig drage værdig. Der kom hverken røg eller ild ud af dragens mund. Pil gik et skridt nærmere dragen. Hun kunne se den skællede krop, de lange kløer, horn og de sylespidse tænder. Dragens hale var beklædt med guld, men den sidste del af halen kunne Pil ikke se.

Hun kunne lugte den rådne stank fra dragens mund, da den fortalte om, hvor ulykkelig den var. For mere end 200 år siden var en kæmpe klippeblok faldet ned og havde begravet en stor del af dragens hale. Den kunne ikke selv få halen fri. Samtidig var Nidhug blevet adskilt fra sine tre drageæg. De var blevet gemt på steder, hvor ingen ønskede at være. Hvis Nidhug ikke snart kom fri og fandt de tre drageæg, ville æggene være fortabte for altid. De var de sidste drageæg, der fandtes i hele verden.

Pil så på dragen. Var dette mon et trick for at få hende til at gå endnu længere ind i grotten? Kunne hun stole på Nidhug?

Som hun stod og overvejede, om hun skulle stikke af eller hjælpe dragen, fik hun øje på to små lysende prikker lidt væk. Pil gik langsomt derhen, bøjede sig ned og samlede de to perler op, hun tidligere havde fået på vej ned mod grotten og Livets Kilde. Stående med perlerne i hånden mærkede hun pludselig en indre styrke og hun fik ondt af Nidhug. Hun havde helt glemt sin egen smerte og elendighed. Ja faktisk, havde hun glemt, hvorfor hun stod i grotten ved siden af Livets Kilde.

Pil gik om bag ved dragen for at se hvor stor en del af halen, der var begravet under klippen. Det var mindst halvdelen af halen, der var væk. Pil så på den store flænge, hvor klippen maste hårdt ned på Nidhugs hale.

Hun tænkte så det knagede. Hvordan kunne hun, en lille Pil, løfte en kæmpe klippeblok væk fra dragens hale?

Så fik hun det. Hun var jo lille, smidig og spinkel og kunne komme ind næsten alle steder. Fordi hun var så smidig og var vant til at bøje sig efter vinden, var hendes fibre stærke. Langsomt og forsigtigt kravlede hun ind under klippeblokken og lå nu imellem Nidhugs enorme skællede og guldbelagte hale og klippeblokken. Hun tog fat om klippeblokken og begyndte at kravle ud igen. Som et reb strammedes hendes greb om blokken. Det smertede i hele hendes krop, da hun trak til af alle kræfter. Det føltes som om, hver en fiber i hende ville sprænges og hun ville gå i tusind stykker. Hun trak og spændte endnu hårdere om klippeblokken. Så mærkede hun det. En ganske lille bevægelse. Klippeblokken havde rykket sig. Det fik Pil til at lægge flere kræfter i, end hun anede, var muligt. Hun trak og sled så det bragede. Strammede grebet og brugte kræfter, som hun ikke vidste, hun havde.

Så skete det, klippeblokken flyttede sig lige nok til, at Nidhug kunne trække halen til sig. Pil gav slip og blokken hamrede tilbage med sin massive vægt og plantede sig tungt mod grottens bund.

Pil var fuldstændig udmattet. Hun lå ned. Hver en fiber i hende gjorde ondt og hun kunne ikke bevæge sig. Hun faldt i søvn af smerte og udmattelse.

Pil vågnede igen og følte sig som født på ny. Hun opdagede, at hun lå med rødderne i bækken. Hun følte sig frisk. Hendes flænge var helet og forsvundet. Hun kunne lige netop ane et lille tyndt ar. Hun så sig om efter Nidhug.

Nidhug lå lidt væk fra hende. Dragens hale var også helet. Nidhugs øjne havde skiftet farve til turkisblå. Pil opdagede, at der løb tårer fra dragens øjne. Tårerne løb ud i bækken og dannede Livets Kilde. Nidhug så på Pil og sagde.

"Som tak for din hjælp vil jeg fortælle dig om Livets Kilde. Mine tårer danner Livets Kilde. Vi er uadskillelige og forbundne. Det er mit lod at sørge for, at Livets Kilde altid flyder og er fyldt. Alt der kommer i berøring med Livets Kilde kan hele, ligesom din flænge er helet. Din flænge helede, da du glemte din egen smerte og selvmedlidenhed. Kilden og guldstøv fra min hale lukker og heler sår og flænger. Men i de 200 år min hale har været fastklemt, har jeg ikke kunnet tilføre vand til kilden. Derfor var kilden svundet ind og næsten tørret ud."

Helt automatisk bøjede Pil sig for Nidhug.

Da hun havde sat egne behov til side og havde reddet dragen og dermed genskabt forbindelsen til Livets Kilde, havde dragen belønnet hende ved at puste guldstøv i hendes flænge. Guldet var magisk og lukkede flængen, så der nu var et spinkelt ar.

"Dit ar skal anses for at være en unik del af dig nu, for det repræsenterede en vigtig del af din livshistorie."

Nidhug så indtrængende på Pil og bad hende om at lytte godt efter. Det Pil herefter fik at vide, skræmte hende fra vid og sans.

"Mine dage er talte, og derfor har jeg den brug for hjælp til at finde de tre drageæg. Æggene befinder sig dybt inde i grotten. Din opgave er at finde de tre æg og bære dem ud til det sted, hvor mine tårer løber ud og danner Livets Kilde. Der skal de tre æg ligge og vente, til tiden er inde og de har fået alverdens historier og visdom. Så vil de klække. Hvis æggene ikke kommer i Livets Kilde, vil alt gå tabt."

”Jeg kan ikke selv rejse afsted for at finde æggene, for så vil kilden tørre ud. Der skal være en konstant strøm fra mine tårer til Livets Kilde.”

Pil kunne mærke tyngden. Reelt havde hun ikke noget valg. Hvis hun skulle overleve, finde Skovgut og redde Måneplet, måtte hun tage imod dragens udfordring. Nidhug kendte hendes svar på forhånd og for at imødekomme hendes frygt, gav dragen Pil lov til at vælge en hjælper til rejsen. Pil bad dragen om held og lykke, samt tid nok til at finde de tre æg. Dragen nikkede og ud fra dragens skæl kravlede en skildpadde. Det var en gigantisk skildpadde, hvis mørkegrønne skjold var brunspættet og overgroet med vandmos. Nidhug præsenterede skildpadden Chelonia for Pil. Den var det væsen, der havde opholdt mest sig i visdoms-salene inde i grotten. Derfor kendte Chelonia mange af de snørklede stier, der forbandt salene.

Chelonia så roligt på Pil.

” Vi skal til tre forskellige visdomssale, idet de tre drageæg befinder sig i hver deres sal.”

Hvis Pil skulle havde held og lykke, samt tid nok til at finde drageæggene, var Chelonia den rette hjælper.

Pil nikkede til dragen, tog imod en skindpose til at bære drageæggene i, og sammen med Chelonia begav hun sig på vej ind i den dybe grotte.

De tre visdomssale

Chelonia gik forrest i et, for en skildpadde, raskt tempo. Skildpadden var så stor, at det eneste Pil kunne se, var det enorme skjold, der flyttede sig foran hende. De to bevægede sig dybere og dybere ind i grotten, og lyset forsvandt mere og mere. Det var som om, luften blev tungere og mere tæt, som om det var tusinde år siden, et levende væsen havde været her. Der lugtede af vådt mos og langt væk kunne Pil høre, det dryppede. Da de havde vandret ad en smal og snørklet sti et godt stykke tid, stoppede Chelonia op. Pil kravlede hen over skjoldet og foran dem var et kæmpemæssigt bjerg. Det var så stort, at Pil hverken kunne se top eller omkreds af det. Bjerget lignede en massiv klippeblok.

Chelonia forklarede Pil, at bjerget, der hed Det urokkelige Bjerg, bestod af alle de overbevisninger, holdninger og værdier, som Pil troede på. Alt det, Pil mente, var rigtigt og forkert, og som hun var overbevist om, var sandt. Bjerget repræsenterede således de værdier i Pils liv, der var urokkelige. Inde i bjerget skulle Pil finde den første af de tre visdomssale, hvor et af dragens æg lå.

Bjerget tårnede sig op foran hende og hun mærkede, hvordan hun blev påvirket af dets enorme massive og urokkelige masse. Pil vendte sig om for at spørge Chelonia om vej til at finde indgangen i bjerget, men Chelonia var som sunket i jorden. Hun var alene igen. Først blev hun bange og så blev hun vred. Hvorfor var Chelonia bare forsvundet og havde overladt det hele til hende? Hun havde stolet på Nidhug og Chelonia, og havde fulgt efter i blinde og nu var hun total overladt til sig selv. Det boblede inde i Pil og hun mærkede, hvordan vreden fik hendes øjne til at blive hårde som stål og hun spændte i hele kroppen. Pil betragtede Det Urokkelige Bjerg. Det virkede som om, bjerget bevidst spærrede vejen for hende. Kunne det overhovedet betale sig at forsøge at finde indgangen til bjerget bare for at finde et drageæg? Den mægtige Nidhug kunne vel selv finde sine æg og bære dem til Livets Kilde. Hvorfor skulle hun overhovedet blandes ind i det og gøre al arbejdet alene?

Måske skulle hun bare forsvinde herfra som Chelonia? Hvorfor skulle hun hjælpe andre, når hendes venner alligevel svigtede hende og så lige, når hun havde mest brug for dem.

Pils satte sig ned ved foden af bjerget. Jo, ilten i luften var virkelig tung og hun mærkede tyngden i sit hoved. Hun besluttede sig for at blive siddende. Hun ville ikke foretage sig noget som helst, bare sidde og vente. Pil sad længe og hendes tanker kredsede om, hvordan Chelonia bare sådan kunne forlade hende. Uden hun bemærkede det, begyndte en anden lille tanke at påvirke hende. En ny tanke, der brød med vreden og skuffelsen. I starten afviste Pil den nye tanke, men den blev ved med at forstyrre hende. Der var noget interessant ved den. Idet Pil begyndte at lytte lidt mere til den nye tanke, skubbede den til hendes nuværende overbevisning om, at hun var blevet ladt i stikken. Tanken fik fat og langsomt tog den bolig i hende: *Uanset hvor du er, er du "her." Du er der, hvor du oplever, du er. Du ser, hvad du forventer at se.*

Pil sad noget tid og gentog ordene: "*Dette landskab skabes af din opfattelse – du ser, hvad du forventer at se.*"

Tænk, hvis det var sandt? Hvad betød det egentligt? Betød det, at det var Pil selv, der havde skabt Det Urokkelige Bjerg?

Pil mærkede tvivlen komme og overvejede, om hun turde stole på den nye tanke. Hvis den var sand, betød det jo, at hun selv havde magten til at forandre bjerget og skabe et nyt landskab. Pil rejste sig op og tog det første skridt fremad og langsomt et mere skridt. Idet hun bevægede sig, begyndte bjerget at give efter. For hvert skridt Pil tog, var det som om, bjerget flyttede sig for hende.

"*Du ser, hvad du forventer at se. Dine tanker, følelser og forestillinger skaber landskabet – dette sted skabes af din opfattelse.*"

Pil lukkede øjnene og for sit indre blik så hun, hvor indgangen i bjerget er og hvordan stien til den første visdomssal viste sig for hende – og hun fulgte den.

Da hun åbnede øjnene igen, stod hun ved det første drageæg. Det var spættet i grønlige og turkise farver og helt blankt. Det var på størrelse med et strudseæg. Med stor forsigtighed samlede Pil ægget op og lagde det i den skindpose, hun havde fået af Nidhug. Pil mærkede en indre varme brede sig i kroppen og i et kort sekund følte hun sig stolt og veltilpas. Hun vendte sig om og opdagede, at hun nu stod på den sti, der førte ud af bjerget.

Med ægget i skindposen gik Pil med raske skridt ud af Det Urokkelige Bjerg. På den anden side stod Chelonia tålmodigt og hilste hende velkommen. De to venner omfavnede hinanden af gensynsglæde. Nu da Pil ikke længere var opslugt af gamle overbevisninger og følelser, mærkede hun glæden ved, at Chelonia, trods alt, havde ventet på hende. Lige her gik det op for Pil, at det kun var hende selv, der kunne vandre gennem Det Urokkelige Bjerg. Det var hendes udfordring og det måtte være derfor, Chelonia havde overladt hende til sig selv. Chelonia vidste, at Pil selv skulle arbejde sig gennem udfordringen for at opnå den visdom, der var at hente: At indse, acceptere og påvirke egne overbevisninger. Chelonia brugte ikke mange ord, men Pil vidste, at det skulle hun ikke lade sig narre af. Chelonia var en ven, en vejviser, med usædvanlige evner. Chelonia tog en dyb indånding og begyndte igen at bevæge sig fremad. Pil gik bag ved.

Inden længe hørte de en fugl fløjte. Selvom Pil kendte skovens fugle, kunne hun ikke genkende denne tone eller melodi. Det lød helt fortryllende og nærmest som om, fuglen kaldte på hende. Chelonia og Pil gik i retning af lyden og fik øje på en fugl, der sad på en klippeafsats langt oppe. Fuglen var rød og på størrelse med en spætte, men dens hale var længere og foldede sig ud som en vifte og vingerne var orange. Fuglens farver mindede mest af alt om den smukkeste morgenrøde. De stod og betragtede den smukke fugl, da den lettede og med dens farver kastede et lys over landskabet, alt imens den sang om Tabets Dal.

Tabets Dal

Pil kunne næsten ikke tro sine egne øjne. De stod på en smal sti. Til venstre for dem var der helt sort, men til højre viste sig en dyb kløft, der endte langt nede i en stor dal. Selv Chelonia virkede forskrækket over synet. Pil blev stiv som en pind. Hun turde slet ikke bevæge sig af frygt for at falde ned i kløften. Mens de to venner stod der helt stille og overvejede deres situation, kom fuglen tilbage. For hvert vingeslag udsendte den det smukkeste varme lys, der strakte sig fra hvælvingen i grotten til bunden af dalen.

Fuglen fortsatte sin sang: "Det findes et landskab, som ingen har lyst til at rejse igennem, hvor der er smerte, tårer, tristhed. Her skal du bryde sammen og opleve, at tab er en del af livet."

Fuglen gentog verset, alt imens den kredsede ovenover dem. Chelonia fortalte Pil, at de skulle rejse gennem Tabets Dal, det landskab, der var skabt af traumer og sorg, uden at lade sig opsluge. Chelonia forklarede, at de skulle blive sammen og følges ad. Hun ville være der til at vise vej, for ingen kunne gå gennem Tabets Dal alene. I dalen lå den anden visdomssal, hvor Pil skulle hente et drageæg.

Nedstigningen gennem kløften gik egentligt bedre end Pil havde frygtet. Chelonia gik forrest og fuglen lyste kløften op, så de kunne se, hvor de gik. Der var langt ned til dalen.

Alt virkede fint, lige indtil de nåede helt ned. I det samme Pil rørte Tabets Dal, mistede hun balancen.

Dalen havde ikke en fast bund, men bestod af klæbrigt mudder, der klistrede sig til hende. Pil blev overrumplet og væltede omkuld. Det kom som et chok for hende. Chelonia sank også ned i sumpen, men skildpadden kunne bruge sine store luffer til at skubbe sig fremad. Idet Pil faldt, knækkede den største af hendes rødder af. Hun mistede rodfæstet og lagde sig helt stille i den klæbrige sump. Hun lukkede øjnene i håbet om, at dette bare var en ond drøm. Så kom smerten rullende ind over hende. Der, hvor roden før havde siddet, bankede en så kraftig smerte, som Pil aldrig før havde oplevet. Smerten var lammende. Pil registrerede hverken Chelonia eller fuglen, der sang, der var kun hende selv og den altfortærende smerte i hendes bevidsthed. Hun havde mistet en vigtig del af sig selv. Sammen med smerten kom håbløsheden. Kunne hun overhovedet overleve nu, når hendes største og mest livgivende rod var knækket af? Kunne hun finde balancen igen og ville den uudholdelige smerte altid være der? Pil lå i det klæbrige mudder og uden at bemærke det, sank hun dybere og dybere ned. Hun var paralyseret af chokket og smerten og bemærkede derfor ikke, at hun mistede kontakten til sig selv. Pil oplevede, at Tabets Dal, hendes smerte og den klæbrige sump var som en uhyggelig film, der blev afspillet foran hende. Hun var selv hovedpersonen i filmen og den Pil hun så, var som hendes eget spejlbillede.

Chelonia opgav at tale Pil til fornuft. Det kunne ikke længere lade sig gøre. Hvis Pil skulle have held med at overkomme tabet, havde hun brug for hjælp. Chelonia dykkede længere ned i den klæbrige sump og kom op neden under Pil, så Pil nu lå ovenpå Chelonias skjold. Chelonia kunne kun med nød og næppe manøvrere sig fremad med Pils vægt på skjoldet. Det var kun skildpaddens ansigt og så toppen af skjoldet, der var fri af mudderet. Fuglen fløj helt tæt ved Chelonia for at lyse sumpen op.

Da Pil kom til sig selv igen, var det følelsen af sorg, der vækkede hende. Hun græd som pisket og var utrøstelig. Hun følte sig afstumpet. En vigtig del af hende var væk og hun skulle aldrig forenes med denne del igen. Gråden blev afløst af den velkendte vrede, der nærmest var et raseri over, hvorfor hun ikke havde passet bedre på. Alle hendes følelser samlede sig i et stort: Hvorfor?

Svaret kom ikke, men blev afløst af tanken om, at hvis hun fandt de sidste to drageæg i lynets fart, ville Nidhug måske trylle hendes rod tilbage?

Pil mærkede en voldsom træthed og lidt efter faldt hun i søvn, stadig liggende på Chelonias skjold, mens de bevægede sig gennem Tabets Dal.

Da Pil vågnede igen, opdagede hun, at Chelonia havde transporteret hende gennem den klæbrige sump og op på en gyngende, men fast grund. Fuglen sad og prikkede til hende. Det provokerede Pil, at den ikke lod hende sove. Chelonia lå ved siden af hende og hvilede. Men fuglen var irriterende, for så snart den så, at Pil var vågen, begyndte den at synge. Melodien var så fortryllende, at Pil uvilkårligt lyttede til fortællingen om en tapper helt, der søgte og fandt et stort magisk kar, der til evig tid var fyldt til randen med kærlighed, rigdom, renhed og visdom.

Pil lå lidt og tænkte over fuglens sang. Hun spekulerede på, om der i virkeligheden fandtes et magisk kar, hvor der til tid og evighed ville være i overflod af kærlighed, rigdom, renhed og visdom? Hvis det var muligt, måtte hun forsøge at finde det kar. Der måtte være en mening bag ved al den smerte og sorg, hun havde over at have mistet sin rod på rejsen gennem Tabets Dal. Pil mærkede en spirende tro i sit indre. Hun løftede hovedet og så ned af sig selv, sit nye jeg. Amputeret og med usikker balance rejste hun sig op. Hun havde mistet den største rod, men var taknemmelig over de små spinkle rødder der trods alt var tilbage. Hun samlede alle sine tanker og al sin energi og tog det første lille skridt. Pil vendte sig om og så ind over den klæbrige sump. Hun kunne mærke en klump i halsen, da hun bestemte sig for, at nu var tiden inde til at sige farvel til Tabets Dal. Meningen med hendes rejse var at finde de tre drageæg, ikke begræde det tabte eller dyrke smerten og sorgen. Hun var nødt til at se ud over sin sorg og de historier, hun fortalte sig selv. Visdommen fra Det Urokkelige Bjerg havde lært hende, at hun selv havde indflydelse på, hvordan landskabet og dermed virkeligheden skulle se ud. Hun ville ikke skabe et landskab fyldt med sorg. Da hun erkendte den indsigt, at virkeligheden er et spejlbillede af indre følelser og tilstande, skete der noget forunderligt. Alt forandrede sig. Hun opdagede, at Tabets Dal og den klæbrige sump bestod af hendes selvmedlidenhed – det var et spejlbillede af hendes indre sorg.

I samme sekund lød der et øredøvende brag og et kæmpemæssigt spejl lige foran Pil, splintredes i tusindvis af stykker. Pil kunne nu se bag sit eget spejlbillede og dér midt på en stor sten, lå et drageæg.

Med ydmyghed og en vis portion stolthed samlede Pil det smukke røde og orange æg op, og lagde det ned i skindposen til det første æg. Pil så ned i posen. De to æg var omtrent lige store.

Hun lagde mærke til, at æggene var tiltrukket af hinanden. De lyste begge en smule, da de blev lagt i samme pose.

Chelonia var blevet vækket af larmen fra spejlet, der splintredes og var nu klar til, sammen med Pil og fuglen, at begive sig videre for at finde den tredje og sidste visdomssal.

Guhdin

Pil var opstemt og fyldt med energi. Hun kunne næsten ikke vente på Chelonia, der bevægede sig så langsomt. Fuglen kredsede over dem og lyste op i landskabet. Omgivelserne ændrede sig fra sump til fast grund. De var på vej ud af dalen og Pil snakkede lystigt om de udfordringer, de allerede havde klaret. Hun mente bestemt, at der ikke længere kunne ske dem noget ondt, for de havde allerede oplevet al den fortvivlelse, smerte og sorg, der fandtes. Nu skulle de bare finde den sidste visdomssal, hente det tredje drageæg og så var rejsen fuldført.

Chelonia, der var en gammel og vis skildpadde, sagde ikke noget. Pil førte an og viste dem vej. Hun havde aldrig været her før, men noget i hende, vidste nøjagtig i hvilken retning, de skulle gå. Hendes intuition var stærk og hendes mod stort. Pil var fyldt af iver og kunne næsten ikke komme hurtigt nok frem.

Hun stoppede brat op, da fuglen fløj foran hende og med ét kastede al dens lys over en kæmpe stor sal. Salen var beklædt med ædelstene i alverdens farver, gulvet var lavet af sølv og loftet var af det reneste guld. Pil havde aldrig i sit liv set noget så smukt. Salen var så stor, at hun ikke kunne se fra den ene ende til den anden. Alt glimtede og strålede. Pil blev stum af forbløffelse og stod helt stille og betragtede det smukke syn. Det var nærmest som om, tiden gik i stå, som om alt og alle holdt vejret af respekt for denne betagende skønhed. Fuglen satte sig ovenpå Chelonia, der stod ved siden af Pil. De tre venner lagde slet ikke mærke til, at et eller andet begyndte at bevæge sig i det fjerneste hjørne af salen.

Ganske langsomt og helt lydløst bevægede skikkelsen sig nærmere. Det var som om, at denne skikkelse fuldstændig smeltede sammen med omgivelserne, ædelstenene, sølvet og guldet.

Det var Chelonia, der først bemærkede lugten, eller rettere stanken. Hun gik et skridt baglæns og i samme sekund lettede fuglen. Så kunne Pil også fornemme det. Rummet ændrede sig og stanken ramte hende som et hårdt slag. Lige da hun skulle til at vende sig om efter Chelonia, blev hun blændet af den ild, der pludselig antændte tusindvis af lys i salen. Da hendes øjne havde vænnet sig til det skarpe lys, der reflekterede i salen, så hun den kæmpe drage, der nærmede sig dem. Dragen var endnu større end Nidhug og dens ånde kunne lugtes på lang afstand. Den var på samme tid betagende og frastødende. Dragens skæl var belagt med sølv og guld. Ædelstene i alle farver dannede de smukkeste mønstre på dragens krop. Den spejlede sig i sølvgulvet og guldloftet. Pil fornemmede, at den smukke sal og dragen på en måde smeltede sammen og alligevel var de adskilte. De spejlede sig i hinanden og kun ved dragens bevægelser kunne man se dens omrids.

Nu stod dragen så tæt ved Pil, at dens ild med lethed kunne brænde hende op. Pil stod som forstenet. Hun var betaget af det smukke syn og samtidig frosset fast i angsten for, om dragen ville brænde hende. Det eneste, der mindede Pil om, at dette ikke var en drøm, var den uudholdelige stank fra dragens mund.

Chelonia var kravlet ind i sit skjold og fuglen var fløjet. Pil stod helt, helt stille overfor dragen. De to stirrede på hinanden. Pil kunne se ind i dragens øjne. Der var noget fængslende ved dem. De var dybe og havde farve som skovsøen ved det gamle egetræ. Pil stod og så dybere og dybere ind i dragens øjne. Jo mere hun kiggede efter, jo mere overbeviste hun sig selv om, at skovsøen måtte stamme fra denne drages tårer, ligesom Livets Kilde stammede fra Nidhugs tårer.

Men hvordan kunne det hænge sammen?

Hun var forvirret og vidste ikke længere, hvad hun skulle tro. Hun var dybt fascineret af dragen, dens smukke krop og de betagende omgivelser. Det var som om, hun glemte sig selv og sin mission. Pil overvejede, om hun skulle spørge dragen, om hun kunne få lov til at være i den smukke sal et stykke tid.

Det hastede vel ikke at komme videre? De to drageæg hun havde i skindposen lå jo trygt og godt, så det var vel okay at holde et lille hvil? tænkte Pil.

Pil lagde ikke mærke til, at imens hun så ind i dragens øjne, var den kravlet endnu tættere på hende. Hun bemærkede ikke længere stanken, der kom fra dragen. Det eneste hun så, var dragens øjne, guld, sølv og ædelsten.

Som hun stod her, helt tæt ved dragen, oplevede Pil for første gang i sit liv, hvordan et andet væsen kunne påvirke hendes tanker.

"Jeg er den mægtigste af alle skabninger – jeg er Guhdin," var der pludselig en stemme, der sagde inde i Pil. "Jeg vogter over alverdens skatte."

Pil stod stille og lyttede til stemmen.

"Jeg hilser dig velkommen til min sal, men tag dig i agt, for jeg skåner ingen, der kommer for at tage noget fra mig. Den ild, du kender, er intet i forhold til den altfortærende og brændende ild, jeg spyr. Du må være min gæst, så længe du ikke lader dig begære af mine skatte," sagde stemmen.

Uden at bemærke det, nikkede Pil et forsigtigt ja til Guhdin. Herefter fulgte hun dragen længere ind i salen. Guhdin anviste Pil, hvor hun måtte sidde. Pil satte sig til rette og lod sig forføre af dragens stemme, der i et behageligt og indbydende toneleje, fortalte Pil om dens færden.

"Jeg er den oprindelige moder til alle drager. Al guld, sølv og ædelstene stammer fra mig. Det er mit lod at bevogte alt af værdi, så derfor kan jeg aldrig forlade denne sal."

Guhdin fortalte om hendes ældgamle liv og om, hvor meget hun savnede at se solen stå op, indånde den friske luft og bade i skovsøen. Hun fortalte, at Pil var den første gæst, hun havde haft i over tusind år. Hun var ensom i al hendes rigdom. Pil begyndte at få medlidenhed med Guhdin.

Dragen talte med dyb røst.

"For at jeg kan komme ud fra denne sal, har jeg brug for hjælp. Det mest dyrebare jeg vogter, er et drageæg. Jeg kan ikke lade ægget ude af syne, for så vil den onde drage Nidhug stjæle ægget og knuse det."

Pil kunne næsten ikke tro, hvad hun hørte. Var Nidhug ond og ville have hende til at samle de tre drageæg, så de kunne ødelægges? Var hun blevet snydt og bedraget af Nidhug?

Alt imens Pil mærkede tvivlen vokse i sig, fortsatte Guhdin med at fortælle om, hvor smerteligt det var for hende at være fanget i salen. Hende, der i tidernes morgen havde indtaget himlen med hendes enorme vingefang. Hun havde redet på vinden og den havde båret hende rundt i hele verden. Dengang havde der været andre drager og alle havde bøjet sig for hende, for hun var deres moder. Da dragernes tid var ved at være omme, havde Guhdin samlet de sidste tre drageæg og gemt dem i de tre visdomssale, for at ingen nogen sinde skulle finde dem. Når tiden var inde, ville æggene klække og hun ville opfostre sine efterfølgere. Hun ville overlade alverdens rigdom til de tre drager og så ville hun flyve op mod solen, til hun forsvandt.

Men idet hun havde et æg hos sig, kunne hun aldrig forlade salen. For én drageunge kunne ikke passe alverdens skatte alene. Hun måtte blive her i salen, til hun en dag mærkede ilden i hende slukkedes. Hun ville aldrig komme til at indånde den friske luft eller mærke vinden bære hende på himlen. Hun ville aldrig mere se solen stå op eller mærke det friske skov vand på sin krop.

Pil sad stille og lyttede til Guhdins sørgmodige historie. Så kom hun pludselig i tanke om det. Hun havde jo de to andre drageæg i skindposen. Dem ville hun aflevere til Guhdin, så de kunne overtage hendes plads og rigdom.

Pil nåede ikke at tænke tanken til ende, inden Guhdin svarede hende.

”Du, af alle, en lille spinkel Pil. Du er drageæggenes tyv. Det er dig, der har fundet dem og nu er du kommet for at stjæle det sidste drageæg.”

Dragens skæl lyste op og dens øjne blev orange af raseri. Pil blev ramt af rædsel over dragens voldsomme temperament og pludselig frygtede hun for sit liv. Hun rejste sig op og bukkede for Guhdin.

”Jeg er kun din tjener og er kommet for at aflevere dine drageæg tilbage,” tænkte Pil.

Guhdin så længe på Pil. Det virkede til, at dragen kunne se alt, hvad der rørte sig i hende. Hun følte sig pludselig gennemsigtig, som om dragen aflæste hver en tanke og følelse i hende. Pil tænkte på, om hun skulle aflevere skindposen med de to drageæg til Guhdin, om hun mon var den rigtige moder til dragerne. Inden Pil kunne nå at tænke tanken til ende, rakte Guhdin en arm frem og bad om skindposen med de to drageæg.

Pil tøvede et øjeblik. Så tog hun skindposen og rakte den frem mod Guhdin. Da Guhdin så skindposen med æggene, skete der noget. Det gik så stærkt, at Pil kun nåede at fornemme, hvordan dragens stemme ændrede sig fra at være tiltalende, til at blive spydig og hård. For øjnene af Pil skiftede dragen pludselig form. Det hele virkede som en underlig drøm. Guhdin rejste sig foran Pil som en kæmpestor mørk drage. De skæl, der før havde været belagt med sølv, guld og ædelstene, ændrede sig til at være store mørkegrå, takkede skel med sorte aftegninger. Dragens øjne lyste lilla og med ét kunne Pil igen lugte den kvalmende stank, der kom fra dragens mund. Hun mærkede, hvordan temperaturen i salen faldt og hun frøs.

Forvandlingen skete så hurtigt, at kun den spættelignende fugl med de orange vinger opfattede hele situationen. Den havde siddet og gemt sig i en sprække i salen lidt ovenover Pil. Med stor fart fløj fuglen ud af sprækken og lodret op i luften som et missil, der affyres mod et fjernt mål. Lige inden den nåede loftet i salen, ændrede den kurs og med lysets hast dykkede den ned mod Pil og Guhdin. Den nåede lige akkurat at gribe fat i skindposen, inden Guhdin fik fat i posen. Fuglen fløj lavt hen over det, der før havde lignet bunker af skatte, men som nu var store sten og klipper. Den slap skindposen, så æggene landede for fødderne af Chelonia, inden Guhdins altfortærende ild fik fuglen til at gå op i flammer og dale ned som askestøv. Guhdin rasede. Hun foldede sine enorme, flænsede og takkede vinger ud og gjorde klar til at angribe Chelonia.

Idet dragen åbnede sit vingefang, opdagede Pil, at det sidste æg lå gemt under dragens ene vinge. Ægget skinnede som de to andre æg, men med sarte lyse og gullige farver.

Uden at tænke på følgerne stormede Pil ind under dragens vinge og tog ægget. Hun kastede det med al sin kraft hen imod Chelonia. Skildpadden stod klar og greb ægget mellem sine luffer, og lagde det forsigtigt ned til de to andre æg. Så længe Chelonia holdt æggene, kunne dragen ikke spy ild på den, for så ville de tre æg også blive til aske.

Pil var forvirret. Hvem skulle hun stole på? Var det Nidhug, der havde sendt hende på rejsen gennem de tre visdomssale for at finde de tre drageæg og bringe dem tilbage til Livets Kilde, eller Guhdin, der hævdede at være alle dragers moder og den største, smukkeste og mest frygtindgydende af de to drager? Guhdin rasede og spyede ild mod salens loft, men den blev vagtsomt stående, hvor den var. Hovedet svingede fra side til side af arrigskab.

Pil stod nogle sekunder og mærkede, hvordan hun følte sig splittet mellem de to drager. Guhdin, der før havde afspejlet alt det smukke. Hun så på dragen, der stop op og gjorde sig klar til at flyve hen imod Chelonia. Så opdagede hun, at der hvor ægget havde siddet på Guhdin, var huden tynd, og nærmest gennemsigtig. Der var ingen skæl og pletten fremstod tydeligt på den nu helt mørke drage.

Pludselig var det som om, at brikkerne faldt på plads. Læringen i den tredje og sidste visdomssal kom til Pil og fik hende til at træde et skridt nærmere Guhdin. Hun var ikke i tvivl længere, hun kunne se klart og vidste, hvad der måtte gøres. Pil var ikke længere bange for Guhdin. Nu kendte hun dragens styrke og sårbarhed. Hun lagde forsigtigt sin hånd lige der på den tynde hud.

Guhdin mærkede med det samme, hvordan Pils berøring beroligede hende. Hun kunne høre Pils tanker længe inden, Pil havde tænkt dem. Guhdin sank sammen. Hun bøjede det store dragehoved ned mod Pil og kiggede hende dybt i øjnene. Hendes forsøg på at bedrage og lyve for Pil havde slået fejl. Pil kunne se hendes sårbarhed bag det prægtige ydre. Hun kunne ikke narre Pil eller blænde hende med sølv, guld og ædelsten. Pil havde set ind bag ved løgn og bedrag. Energien fra Pils rolige berøring strømmede over i Guhdin og dragen lagde sig ned. Hun var besejret. Bedst som hun havde haft alle tre drageæg inden for rækkevidde, havde hun blottet sin sårbarhed og var blevet rørt, og Pil vidste nu, at bag ved storhed og magt, ligger sårbarhed. Pil forstod nu, hvad guld og ædelsten kan gøre, selv ved en drage. Imens Pil så på, forvandlede den store mørke drage sig til en tre meter lang slange.

Chelonia kravlede hen til Pil. Guhdin så på Pil. Så talte slangen med ydmyg stemme.

"Pil, du har overlevet din rejse gennem de tre visdomssale. Du har fået drageæggene og livsvisdom med dig. Nu er det min pligt at vise dig videre, så du kan aflevere de tre æg på rette sted," sagde Guhdin.

"På den anden side af denne visdomssal ligger Livets Kilde og dragen Nidhug. Hun er den retmæssige beskytter af de tre drageæg. For at komme derud er der en sidste ting, du skal gøre. For enden af denne sal finder du en dør. Det er den eneste udgang til Livets Kilde herfra. Du skal blot gå gennem døren, og så er alt godt igen. Den sidste del af rejsen, skal du klare alene."

Guhdin pegede i den retning, Pil skulle gå. Chelonia rakte skindposen til Pil. Hun tog skindet over skulderen og gik, uden at se sig tilbage, i den anviste retning.

Ganske som Guhdin havde sagt, stødte Pil på døren ved endevæggen. Det var en kæmpe, solid dør, der var lavet af klippesten. Der var ingen håndtag i døren, og hvis der havde været et håndtag, var døren så tung, at Pil under ingen omstændigheder selv kunne åbne den.

Pil stirrede på døren. Der var indhugget figurer, bogstaver og tegn hele vejen rundt om den.

"Du skal blot gå gennem døren, så er alt godt igen," havde Guhdin sagt. Men hun havde ikke sagt, at døren var forseglet med en kode.

Pil blev fortvivlet. Hun var så tæt på mål og alligevel så langt fra. Lige på den anden side af døren lå Nidhug, og her stod hun med de tre drageæg. Pil mærkede, hvordan trætheden forstyrrede hendes klare tanker. Hun måtte koncentrere sig og samle sin energi på at bryde koden, så døren kunne åbnes.

Hun stod længe og betragtede alle tegnene uden at vide, hvor hun skulle begynde. Der var bogstaver fra alfabetet, som hun kendte, men der var også tegn, hun ikke kunne tyde. Alle bogstaver og tegn havde forskellige farver. Nogle var blålige, andre var rødlige eller gullige. Pil var lige ved at give op. Hun lagde skindposen med æggene på jorden. Et af æggene trillede ud, det var det turkise æg. Idet Pil samlede det op, slog det hende, at bogstaverne og tegnene havde samme farver som de tre drageæg. Pil tog en sten og startede med at skrive de blålige bogstaver og tegn på jorden. Bagefter skrev hun de rødlige og til sidst de gullige.

Hun trådte et skridt tilbage og så på det, hun havde skrevet. Det gav stadigvæk ikke mening.

Wudhu grhut Ilvn grhut erhuqđ gurhpphđ qj obnnh grhut stod med blålige bogstaver og tegn, derefter stod der: *Ghw hu nxq ehjbqghovhqt vdd nrpphu oxjwhq di eudqgđ ghu edhuhu dvnh phgt* i rødlige farver og til sidst stod der: *Wlghq hu lqght vlj plj kyhp gx hut* i gullige farver.

Pil så på de tre drageæg og derefter på de mærkelige sætninger. Der måtte være en sammenhæng. Det kunne ikke være tilfældigt, at farverne passede sammen med drageæggene. Hun satte sig og gennemtænkte alt det, hun havde oplevet siden dengang, hun havde mistet Skovgut. Dengang kendte hun ikke dybden af din egen personlighed, og hun vidste ikke, at der var visdom og guld forbundet med at acceptere sig selv, som man er. Pil tænkte på, hvordan hun var gået ned af spindeltrappen og havde mødt sine egne skyggesider. Hvor svært det havde været for hende at indse, at naivitet og ensomhed også var en del af hende. Hun havde oplevet sig selv i offerrollen som den lille pige, der gav skylden for sin smerte til andre. Hun havde mærket mod, da hun indså, at hun skulle hjælpe dragen Nidhug. Bagefter havde hun mødt tvivlen og tankens kraft ved Det Urokkelige Bjerg. Hun havde mærket håbløsheden og sorgen, da hun var tæt ved at gå til grunde i Tabets Dal og endelig havde hun formået at se bag ved begær og løgne hos Guhdin. Nu sad hun her og stirrede på en masse bogstaver og tegn og kunne ikke komme videre. Hun tænkte, så det knagede: *Tre drageæg i forskellige farver. Hun havde mødt Måneplet og Butsnude. Senere havde Chelonia og den spættelignende fugl hjulpet hende gennem de tre visdomssale. Bogstaver og tegn i tre forskellige nuancer og farver.*

Det eneste Pil kunne se, der gik igen, var tallet tre. De havde været tre venner, da hun var sammen med Måneplet og Butsnude, tre rejsende gennem de tre visdomssale efter tre drageæg. Hvordan kunne hun bruge den viden til at løse koden og komme ud på den anden side af døren?

Hun stirrede på sætningerne og tænkte på tallet tre.

Pludselig så hun det og hun fik travlt. Kunne det virkelig passe? Med stenen skrev Pil alfabet på jorden ved siden af koden. Så flyttede hun bogstaverne fra koden tre pladser til venstre for alfabetet.

Pil skrev de nye sætninger:

Traer doert Fisk doert boernđ droemme og lykke doert det er kun begyndelsent saa kommer lugten af brandđ der baerer aske medŧ
Tiden er indeŧ sig mig hvem du erŧ

Hun studerede ordene, sætningerne og skrev punktum i stedet for ŧ og komma i stedet for đ.

Pil blev forskrækket, da hun endelig forstod, hvad der var skrevet. Alt ville gå til grunde, blive til aske, hvis hun ikke kunne sige, hvem hun var. Hun satte sig ned, helt forpustet over indsigten fra koden. *"Sig mig, hvem du er?"* Hvad menes der egentligt med det? Hun var jo Pil. Det kunne enhver da se. Hvad skulle hun svare til den gåde?

Igen tænkte hun på alt det, hun havde været igennem. Hun vidste ikke længere, om det var for sent at finde Skovgut og om Måneplet var visnet. For første gang mærkede hun sorgen over at have mistet fuglen. Hun savnede Cypres og Douglas og hun savnede at stikke rødderne i det friske vand fra skovsøen. Hvis hun ikke løste gåden, ville fuglen være død for ingen verdens nytte, og hun ville aldrig mere se Skovgut, Måneplet, Butsnude, Chelonia, Cypres eller Douglas.

Hun sukkede dybt og lod tankerne vandre. Tid og sted forsvandt omkring hende. Hun mærkede, hvordan fortvivlelsen, smerten, håbløsheden, vreden og sorgen fik tag i hende igen. Hun så på de tre drageæg i skindposen og videre på gåden: *"Sig mig, hvem du er?"*

Pil rejste sig og gik hen til døren.

Hun var usikker og stille hviskede hun i retning af døren.

"Jeg er Pil, datter af skovfolket. Jeg er mig selv, på godt og ondt og jeg står ved det. Jeg er forbundet til Livets Kilde og alt omkring mig. Mine handlinger har betydning og mine valg er betydningsfulde. Jeg kender den største smerte og den største skat, der findes i mit indre."

Larmen var altoverdøvende, da den enorme klippedør åbnede sig. Hun stod et øjeblik og samlede sig, tog så skindposen over skulderen og gik.

På den anden side af døren trådte hun lige ud i Livets Kilde, hvor Nidhug lå. Med hastige skridt gik hun hen til Nidhug og viste dragen de tre æg. Til sin store forbløffelse så hun, at Chelonia nu sad på ryggen af Nidhug. Uden at spekulere yderligere over det, gik hun hen til det sted, hvor Livets Kilde har sin begyndelse og lagde forsigtigt de tre æg ned i den friske kilde. Her skulle de suge visdom til sig, så de kunne blive kildens vogtere.

Vejen hjem

Nidhug så væk og spyede en kæmpe flamme, der antændte et bål. Af bålets orange flammer, formede sig nu en fugl. Den fløj op og satte sig ovenpå Chelonias skjold. Den spætte-lignende fugls vinger lyste hele grotten op og Pil opdagede, at grotten var fyldt med glaskugler i alle størrelser og farver. Nogle var lilla, andre var gule eller grønne. Nogle var på størrelse med huse og andre var bitte små som mariehøns. Som tak for hjælpen gav Nidhug Pil de visdomsperler, hun havde tabt, da hun reddede Nidhug. Pil lagde perlerne i lommen. Nidhug gav nu Pil lov til at vælge én glaskugle blandt de millioner af glaskugler, der lå i grotten.

Pil vidste, at hun skulle finde netop den kugle, hvor Skovgut lå fanget. Men hvordan var det overhovedet muligt at finde den rigtige glaskugle. Nidhug kunne ikke hjælpe hende, for, som Pil allerede vidste, ville den rigtige glaskugle vise sig for hende, når tiden var moden til det. Hun forsøgte alligevel og undersøgte hundredvis af glaskugler, alt imens hun kaldte på Skovgut. Hun ledte og ledte overalt i grotten. Hun forsøgte, om hun kunne se ind i glaskuglerne for at få øje på ham. Det eneste hun så, var sit eget spejlbillede.

Da Pil havde ledt forgæves i lang tid, opgav hun og hilste derfor pænt farvel til Nidhug, Chelonia og fuglen. Hun takkede for deres hjælp og den visdom og indsigt, hun havde fået på sin rejse. Så fulgte hun Livets Kilde tilbage og fandt den velkendte spindeltrappe, der snoede sig opad til udgangen. Hun begyndte at gå op af spindeltrappen. Præget af dårlig samvittighed over ikke at have fundet

Skovgut, gik hun ganske langsomt op. Da hun var godt halvvejs oppe af trappen, skimtede hun et underligt lysglimt. Hun opdagede, at lige der hvor glimtet kom fra, forgrenede trappen sig ud til den ene side. Pil gik i retning af glimtet og opdagede, at på en klippeafsats lå en glaskugle. Den var ikke ret stor og lyste et svagt hvidt lys. Pil tog den i sine hænder og lagde den mod sit øre for at høre, om Skovgut var derinde. Så kom hun i tanke om Skovguts forklaring om, at hun skulle tænke glade tanker. Hun begyndte at tænke på Douglas og Cypres, og på de venner hun havde fået på sin rejse. Hun tænkte på Måneplet og Hr. Butsnude, som hun forhåbentligt snart skulle se. Hun begyndte at grine. Det kildede i hele hendes krop og hun kom i tanke om, hvilket fantastisk syn det ville blive, når Måneplet skulle forvandle sig til en sommerfugl. Hun tog glaskuglen med sig og gik videre opad. I takt med at hun nærmede sig udgangen og den gamle trædør, blev hendes sind og tanker lettere og mere muntre. Hun erindrede nu en masse skønne oplevelser, hun havde haft sammen med sine forældre for mange år siden. Det fik hendes hjerte til at smile og hun glædede sig over at være del af den skønne skov og dens familie. Med glæden, begyndte glaskuglen at lyse op. Derinde, midt i kuglen, sad Skovgut og klukgrinede. Glaskuglen blev mere og mere porøs og lige da Pil nåede den gamle trædør, forsvandt det sidste glas og Skovgut hoppede ud ved siden af Pil. De åbnede døren og Måneplet og Hr. Butsnude stod på den anden side og tog imod dem.

De fire venner så på hinanden og så begyndte de at grine. De grinede så meget, at det fik det gamle egetræ til at ryste. Måske mærkede egetræet hvilken ægte glæde, kærlighed og samhørighed, der var blandt de fire venner, for midt i al latteren strømmede nu det smukkeste lys ind gennem en lille sprække.

De fire venner begav sig hen til lyset og kikkede ud af sprækken. Det var nat udenfor, men alligevel var skoven badet i det magiske kølige måneskær. Månen var fed og fuld og kastede det smukkeste lys over skoven.

Langsomt bevægede Måneplet sig ud gennem sprækken. Hun satte sig til rette på en af egetræets grene og forpuppede sig. Hr. Butsnude, Skovgut og Pil satte sig også ned. Der var stille og magisk i den månebelyste skov, her på det gamle egetræ. Pil følte sig godt tilpas sammen med sine venner.

De sad det meste af natten, og lige inden morgengryet begyndte, hørte de en sagte knagen. De så på Måneplets puppe, der begyndte at revne. Pil havde aldrig før set den forvandling, der sker, når en larve forandrer sig til sommerfugl. I sit helt eget tempo kravlede Måneplet ud af puppen, foldede sine vinger ud og lod dem tørre i skæret fra det sidste månelys. Pil så måbende til, imens Måneplet forandrede sig til den smukkeste sommerfugl, Pil endnu havde set.

Da Måneplet havde gennemgået sin forvandling, satte hun sig på grenen ved siden af Hr. Butsnude.

Imens månens lys blev overtaget af morgengryet, sad de fire venner tavse og trætte. De havde oplevet meget sammen og det var som om, at ord ikke længere var nødvendige.

Nye stærke venskabsbånd var knyttet og da himlen igen blev rødlig af solens stråler, sagde de fire venner et kærligt farvel til hinanden med løftet om, at de skulle mødes igen ved næste fuldmåne.

Herefter hoppede Pil ned fra det gamle egetræ og stillede sig med rødderne i skovsøen. Langsomt fik det friske vand hende til at vokse til normal størrelse igen. Hun stak hånden i lommen og mærkede, at visdomsperlerne stadig lå der. Så løb hun hjem til Douglas og Cypres.

Der var så meget, hun ville fortælle dem og takke dem for.

Den, som ser udover, drømmer.
Den, som ser indover, vågner.
- Carl Gustav Jung

Her slutter det første eventyr. Livet består af meget mere end et enkelt eventyr, så den næste fortælling vil berette om Pils udvikling fra pige til kvinde.

God fornøjelse.

Som ramt af lynet

Solen gik ned. Pil stod ved det gamle egetræ. Hun ventede på, at månen skulle indtage nattehimlen. Hun havde glædet sig til endnu en fuldmåne, hvor de fire venner skulle mødes. Hun nød de aftener og nætter hvor de fire venner sad, imens månen skinnede, og de delte deres oplevelser og tanker med hinanden. De fire venner var mødtes på denne måde et utal af gange, og hver gang oplevede Pil, at hun følte en helt bestemt samhørighed med de tre andre.

Den næste, der ankom, var Hr. Butsnude. Pil og Hr. Butsnude gav hinanden et kram og begyndte straks at fortælle hinanden, hvad de hver især havde fået den sidste måned til at gå med. Så kom Måneplet flyvende og landede på Pil. Måneplet havde meget at fortælle, for hendes verden havde udvidet sig til at omfatte hele den store skov. Snakken fortsatte og tiden gik.

Sidst, men ikke mindst, ankom Skovgut. Han kravlede op og satte sig godt til rette mellem sine venner. Gensynsglæden var stor og de fire venner talte sammen indtil månen blev afløst af den spæde morgenrøde. Først da de sprøde solstråler kastede et frisk lys gennem skovens kroner, blev de enige om, at de hellere måtte skilles, men med forvisning om, at de naturligvis alle skulle mødes igen ved næste fuldmåne.

Pil følte sig veltilpas. Hun havde tre venner, som hun kunne dele livet med. De ville være hendes bevidner til livet. Hun ville ikke længere være alene for hun vidste, at hver fuldmåne ville de mødes og dele oplevelser.

Det var sensommer i skoven og træernes farver indtog de mørkegrønne nuancer. Sensommeren brugte Pil ofte til at forberede sig på vinterens kommen. Sensommer var årstid for omskifteligt vejr. Nogle dage kunne Pil mærke sensommersolens kraft og andre dage nød hun støvregnen der langsomt løb ned over hende og samlede sig i små pytter rundt om i skoven. Atter andre dage samlede skyerne sig i mørke formationer der lukkede lyset ude. Torden og lyn efterfulgt af kraftig regn skyllede ned over skoven. Netop sådan en dag, var det i dag.

Pil var på sin vanlige tur ned til det gamle egetræ, da hun mærkede, at vinden tog til i styrke. Mørke skyer samlede sig ude i horisonten og langt væk kunne hun hører den velkendte rumlende og buldrende dybe lyd, når torden ruller hen over himlen. Hun vidste, det var tid til at søge læ for lyn og torden. Hvad der herefter skete, gik så hurtigt, at Pil ikke nåede at reagerer.

Uvidende om, hvad der var sket, vågnede hun som af en drøm. Hun åbnede øjnene og opdagede overrasket, at Cypres og Douglas stod bøjet over hende. Cypres så bedrøvet ud og Pil anede en tåre i hendes øjenkrog. Hun var i gang med at masserer Pil og gnide hende ind i frisk pilebark. Pil så skiftevis på Douglas og Cypres.

"Åh, min smukke lille Pil! Vi troede du havde forladt os for evigt!" udbrød Cypres bevæget og tørrede sine tårer væk.

De bar Pil over til Den Gamle Eg og lagde hende forsigtigt på jorden. Pil lagde mærke til, at jorden stadig var våd efter regnen. Det føltes rart at ligge på den våde jord.

I dette øjeblik huskede Pil hvad der var sket nogle timer forinden... Hun havde stået og kigget op på himlen. Højt oppe var truende skyer ved at samle sig i en mægtig fart. Pludselig tog vinden voldsomt til og ruskede bladene på træerne. Der havde rejst sig en hvirvelvind og Pil havde stået og set på vinden. De mørke og faretruende skyer syntes at nærme sig meget hurtigt, da blæsten ændrede retning og himlen antog en mørk og grålig farve. Få minutter senere glimtede enorme lyn mellem skyerne, og det havde set ud, som om himlen havde åbnet sig og var blevet sønderrevet af et forgyldt sværd.

Pil var hverken nervøs eller bange, for hun kendte årstiderne og vejrets omskiftelighed. Hun havde før oplevet den slags voldsomme uvejr.

Hun befandt sig knap en halv mil fra Den Gamle Eg, da hun pludselig følte sig urolig. De tordnede brag nærmede sig. En sjette sans sagde hende, at hun straks skulle søge ly. I netop det øjeblik lød et brag så højt, at det væltede Pil omkuld. Hun følte det som om tusinde grannåle trængte ind i hende, og det sidste hun huskede, var en sveden lugt af brændt bark, inden hun mistede bevidstheden og væltede omkuld. Da hun igen kom til bevidsthed, føltes hele hendes spinkle krop brændende varm. Hun havde ondt overalt. Hun forsøgte at rejse sig op, men hendes krop ville ikke adlyde hende. Hun var lammet af smerte og blev grebet af frygten for at dø. Tårerne trillede ned over hende, imens Cypres fortsatte med at forbinde hende med frisk og kølende pilebark.

Pils følesans var anderledes end den plejede at være, for det føltes som om det yderste lag af hende var forsvundet. Hun følte sig anderledes. Det var som om, hun opfattede omverdenen på en anden måde. Hun fornemmede flere farver og lyde, end hun plejede. Hun kunne hører de mindste regnorme så tydeligt, at det lød som om de trampede, når de bevægede sig hen over den våde jord. Hun så op på Douglas og Cypres og følte sig bange og hjælpeløs.

”Hvil dig nu og lad være med at anstrenge dig lille Pil. Du er blevet ramt af lynet, men du vil overleve og blive rask igen” forklarede Cypres hende.

Den Gamle Eg så på Pil med øjne, der indeholdt stor indre kraft og en stærk og vis sjæl. Den Gamle Eg vidste, at der fandtes mange fortællinger om dem, der var blevet ramt af lynet. Ældgamle sagn hævdede, at overlevende efter et lynnedslag, udviklede ekstra forfinede sanser og fornemmelser.

Nu skulle Pil ligge ved Den Gamle Egs rødder så hun kunne hele.

Der gik flere dage, hvor Pil bevægede sig ind og ud af søvnen. Hun vidste ikke hvornår det var nat eller dag, for hendes syn havde ændret sig. Hun så mere lys i omgivelserne efter hun var blevet ramt at lynet. Men hun kunne ikke holde ud at ligge med åbne øjne ret lang tid ad gangen, for så smertede lyset i hendes øjne. Efter mange dage vågnede Pil af hendes dvaletilstand og følte sig frisk. Hun kunne rejse sig og den bark Cypres havde forbundet hende med, havde helet hende. Hun følte sig anderledes end før hun blev ramt af lynet, men godt tilpas.

Pil brugte de næste dage på at komme sig, så meget hun kunne, oven på lynnedslaget. Hun blev ved Den Gamle Eg, for her følte hun, at hun var i gode hænder. Den Gamle Eg forklarede hende, at lynet havde påvirket hendes psyke. Hun var ikke længere den samme som før. Og således fortalte Den Gamle Eg om de sagn og fortællinger, der fandtes, om hvordan lynnedslag kunne forandre og påvirke den ramtes evner og måde at opfatte omverdenen på. Fortællingerne beskrev, hvordan en stærk indre kraft eller energi kunne vækkes til live af et lynnedslag. Der var sagn om, lynramte, der fik forfinede sanser og brugte energien til at opfange de mindste signaler fra omgivelserne.

De Gamle Eg så på Pil med et borende blik. Det mærkedes som han kunne se lige igennem hende for at undersøge, om Pil havde fået forfinede sanser eller andet var forandret, efter lynnedslaget. Han kiggede efter den energi, et lynnedslag efterlader. Pil havde selv bemærket, at hun hørte bedre og var begyndt at opfange lys og farver på en anden måde. Derudover var der var noget, der kriblede lige under overfladen på hende. En underlig, nærmest kildrende fornemmelse, der gjorde Pil rastløs. Det var en rastløshed, som Pil ikke før havde mærket. Det føltes som om, der var efterladt noget energi fra lynet inden i hende og den energi strømmede nu rundt i hendes krop. De sidste par dage havde hun følt sig anderledes, som. Hun genkendte ikke længere sig selv. Hun var ikke den søde, spinkle Pil mere. Noget andet var på vej, en energi der spirede i hende.

Den Gamle Eg fortsatte med at fortælle om sagn, hvor lynramte havde brugt deres fornyede indre energi, til at skabe et liv, med det formål at hjælpe og støtte nødlidende og sørgende. Men intet kom af sig selv, for alle sagn beskrev, hvordan den lynramte først skulle lære at styre og forstå den indre energi og de evner der kom med den, og den proces krævede tålmodighed og mod.

Den Gamle Eg forklarede Pil

"Hvis du beslutter dig for at følge den indre energi der kriblede lige under overfladen, og undersøge de evner du havde fået, skal du, for en periode, give afkald på al kontakt med familie og venner. Det vil kræve al din opmærksomhed og du skal være indstillet på, at gå en masse prøvelser igennem. Du skal være parat til at miste alt det velkendte, for en stund. Du vil få brug for al din tålmodighed, målrettethed og mod for at styre og forstå den indre energi og de nye evner.

Du kommer til at bruge alle vågne timer på at forfine og forstå det, der var vakt til live i dig. Men du vil få brug for en læremester, for ingen kan gå igennem processen uden en støtte ved sin side. Processen er så hård, at hvis du forsøger at klare det alene, kan energien tilintetgøre eller ødelægge dig".

Pil lyttede med stor opmærksomhed. Hun var både skræmt og på samme tid draget af det Den Gamle Eg fortalte.

"Du er træt Pil, så nu skal du hvile. Lad drømmene hjælpe dig med at finde svar på, om du er klar til at lærer din indre energi at kende. I morgen, imens duggen stadig ligger på løvet, skal du fortælle mig, om du er villig og parat".

Pil nikkede forstående til Den Gamle Eg og lagde sig til rette. Inden længe faldt hun i dyb søvn. I søvnens første fase blev hun overvældet af titusinder tanker. Hun spekulerede på, hvem hun nu var med den fornyede energi? Hvad det var for et liv hun ville leve? Hvorfor var hun blevet ramt af lynet?

Tankerne var forvirrende og Pil kunne ikke finde hoved eller hale i dem. Stille gled hun over i den dybere søvn og lod sig fører af drømmene.

Pil vågnede før det første sprøde solglimt ramte skovbunden. Hun følte sig frisk og veludhvilet, fyldt med energi. Hun fornemmede straks en hviskende lyd omkring sig. Det var Den Gamle Eg der stod og talte med Hr. Ask.

Pil betragtede de to gamle kæmper. De var næsten lige høje. Den Gamle Eg var mere rund og kronen var fyldig, hvorimod Hr. Ask var en anelse højere end Den Gamle Eg, med en åben krone og et let løv, der lod lyset slippe igennem. Hr. Ask havde en bark med tætte dybe revner. De var enorme de to gamle træer. Pil kunne ikke lade være med at spekulere på, hvem der mon var ældst.

De to gamle træer fortsatte deres samtale i ro og mag imens Pil utålmodigt ventede i skyggen af dem. Efter en rum tid, henvendte Den Gamle Eg sig til Pil.

"Hvis du er klar til at lære din indre energi og dine evner at kende, skal du skal følge med Hr. Ask. Han vil lede dig på vej. Du skal følge hans råd og anvisninger. Han har selv været ramt af lynet og ved derfor, hvad du skal gå igennem, for at få styr på din indre energi og kan udnytte dens fulde potentiale. Men du skal være klar til at give slip på den velkendte verden, afgive kontakten til din familie og dine venner for en tid og være stærk, tålmodig og modig".

Pil var ikke et sekund i tvivl. Hun havde så mange spørgsmål, der var begyndt at rumstere i hende. Hun var ikke længere den samme Pil. Hun hørte og så ting, hun ikke før havde registreret og det påvirkede hendes opfattelse af verden, omgivelserne og alt hun tidligere havde lavet. Jo, hun var klar – så klar hun kunne være uden at vide helt præcist hvad hun meldte sig klar til. Hun mærkede en uro ved at skulle give afkald på familie og venner, men samtidig fornemmede hun, at det ville være ofret værd.

Hr. Ask skimtede stilfærdigt på den lille Pil. I hans øjne var hun en spinkel gevækst, der ikke anede, hvad hun skulle gå igennem. Idet han så Pil i øjnene, fornemmede han et glimt af en spæd modenhed og målbevidsthed. Bag hendes fine ydre, kunne Hr. Ask se, hvordan energien flød rundt under barken og dannede helt tynde netværk af energi der flød ud i de mest spinkle afgreninger af Pil. Der var noget over hende, som man sjældent så. En stor målrettethed og vilje der lurede lige under overfladen.

"Ved næste nymåne mødes vi ved floden, der skiller din velkendte skov fra Dalarnia. Her vil din oplæring starte" sagde Hr. Ask til Pil.

Uden at vente på svar, vendte han sig om, og med enorme skridt og næsten lydløst, forsvandt han ud i horisonten.

Dalarnia

Ganske som Hr. Ask havde bestemt det, startede Pil sin læretid den dag, der var nymåne. Intetanende om den kommende tids prøvelser, var Pil fyldt med iver, efter at lære, hvordan hun kunne bruge den energi, der havde ramt hende ved lynnedslaget. I tavst fællesskab krydsede Hr. Ask og Pil floden den morgen hvor nymånen startede, og sammen gik de ind i Dalarnia – *den ukendte skov.*

Hr. Ask gik forrest. Han var af få ord. Pil gik bag ved og betragtede ham. Han var høj, slank og så enorm stærk ud. Han bevægede sig med lange rolige bevægelser, der nærmest virkede hypnotiserende på Pil. Det så ud til, at han næsten ikke rørte jorden, men blot ganske let betræd den. Pil derimod, oksede afsted for at holde tempo med ham. Flere gange måtte hun småløbe for ikke at komme for langt bagud. Hr. Ask gik blot videre, uden umiddelbart at tage notits af hende. Således gik de i mange timer, uden hvile eller samtale.

I starten virkede skoven venlig og imødekommende. Lyset strømmede ned gennem træernes kroner. Der var mange lysninger og Pil fornemmede alverdens farver og lyde i smuk samklang. Her i Dalarnia virkede farverne mere intense end hun var vant til. Træer, blade, fugle og insekter havde en farvesammensætning, Pil aldrig før havde lagt mærke til.

Imens de gik, oplevede Pil hvordan hun følelsesmæssigt svingede fra at være spændt på den kommende periode, til uro og irritation over, at Hr. Ask ikke talte med hende. Hun tænkte på, hvor de var på vej hen? *Hvordan kunne hun lære at styrer den indre energi og hvorfor var hun begyndt at se flere farver og høre flere lyde, end før lynet havde ramt hende? Var Hr. Ask den rette læremester for hende og havde han fortrudt, siden han ikke talte med hende?*

Langsomt blev skoven mere tæt og træerne højere. Lyset havde svært ved at nå ned i skovbunden, så Hr. Ask besluttede, at de skulle slå lejr og overnatte. Pil var træt. Det havde været en udmattende dag. De havde tilbagelagt mange kilometer og havde næsten ikke holdt hvil. Men det mest trættende havde været, at Hr. Ask ikke havde talt ret meget med Pil. Begge drak lidt frisk kildevand og inden de lagde sig til at sove, forklarede Hr. Ask, at de var på vej for at mødes med Mama Dala. Hun var næsten 10.000 år gammel og havde en enorm viden om naturens kræfter og energier. Hun havde erfaring i at lært andre at leve med de evner, de havde fået efter et lynnedslag. Det ville blive en lang tur, og det ville tage mange dage.

" Mama Dala har boet i Dalarnia i adskillige tusinde år. Faktisk er den ukendte skov opkaldt efter hende, fordi hun har været her siden skoven, var helt ung og stadig spirede."

Hr. Ask kunne se på Pil, at hun var udmattet, så han rakte hende endnu en tår frisk kildevand og pegede på et leje af grangrene, som hun kunne sove på.

Hvad Pil ikke vidste var, at Hr. Ask havde fulgt med i hendes tankemylder hele dagen, for han var en af de få, der besad evnen til at lytte. Pil lagde sig på grangrenene og faldt hurtigt i søvn.

Pil vågnede ved, at hun rystede og frøs. Snefnug landede på hende. Det var nat og stjernerne var gemt bag store mørke sneskyer. *Hvordan kunne det sne på denne årstid? Hvordan kunne sensommer forvandle sig til vinter i løbet af en nat?*

Hun så sig omkring og opdagede, at skoven var dækket af et tykt lag sne. Hun kunne ikke blive liggende her, for så ville hun fryse til en stiv pind. Hun rejste sig fra granlejet og rystede sneen af sig.

I løbet af de få timer hun havde sovet, var skoven som forvandlet. Kulden havde frosset vandløbene til og sneen lå tyk på grene, der bøjede sig for dens vægt. Pil havde aldrig oplevet noget lignende.

Langt væk kunne hun høre en ulv hyle. Hun gøs ved lyden. Det lød uhyggeligt.

Hr. Ask var vågen. Pil var i tvivl, om han overhovedet havde sovet. Han stod rank og så op mod himlen. Han smilede til Pil og hjalp hende med at få det sidste sne børstet af. Imens han tilbød hende kildevand, forklarede han, som havde han hørt hendes tanker.

"Dalarnia er skoven, hvor intet er vist og alt kan ske."

Da de begge havde fået lidt at drikke, gjorde de sig klar til endnu en dag. Inden de gik, forklarede Hr. Ask, at målet for dem, var at nå bjerget, der fører ind til Mama Dala. Det var stadig mørkt, da de to begav sig ud på dagens rejse.

Først da solen stod op, stilnede snebygerne af. Den sneklædte skov glimtede i solens lys og sneen lignede krystaller, der blinkede op mod himlen. Alt var hvidt og smukt.

De gik det meste af dagen og stoppede med jævne mellemrum, så de kunne hugge hul i isen og drikke af det kolde kildevand. Der var stille i skoven, ingen fugle fløjtede og Pil så ingen spor efter hverken hjorte eller harer.

Dagen begyndte at gå på hæld, og de slog lejr ved foden af en kæmpe gran. Træets store grene var bøjet ned til jorden og lavede et slags læ for dem. Ask bad Pil om at samle brænde og tænde et bål så de kunne holde varmen natten igennem.

Da Pil og Ask sad om bålet, så Pil sit snit til at tale med Ask. Dagen igennem havde hun spekuleret på, hvorfor hun var begyndt at se alle de farver, der dansede omkring i omgivelserne. I dag havde hun oplevet, at når hun så ned af sig selv, havde forskellige områder i hende forskellige farver. Men inden hun fik spurgt, svarede Ask på det, ganske som om han kunne læse hendes tanker.

"Vores forfædre havde et stort kendskab til energiernes strømme, både i naturen og i os selv. Energier er vibrationer og farver. Alle farver har en frekvens eller en svingning, om du vil. Da du blev ramt af lynet, åbnede det op for den gave du har haft siden din skabelse, nemlig at fornemme farver og lyde mere intenst, både i dig selv og i dine omgivelser. En af dine evner er, at du nu kan fornemme hvad der er sket gennem tiden, på den jord du betræder. Du opfanger frekvenser fra en svunden tid. I starten vil disse frekvenser komme til dig som en masse farver, men med tiden vil du lærer at fornemme flere nuancer i frekvenserne, så farverne vil tage form som billeder. Det vil være billeder at historien, der strækker sig mange tusinde år tilbage. Du skal lærer at modtage og forstå disse historier. Når du kan det, vil du have kontrol over den energi der flyder inden i dig. Hvis du ikke ved, hvordan energien flyder i din krop, kan du ikke bevidst styre din indre energi".

Pil lyttede interesseret. Dette var en helt ny verden for hende. Hun havde aldrig før tænkt på, at man kunne fornemme historiens gang og ligefrem se billeder for sit indre blik om, hvad der var sket i fortiden. Hun følte sig både beæret over at hun havde denne evne og samtidig forvirret. Pil sad længe og stirrede ind i flammerne fra bålet, imens tankerne kredsede om alt det Ask lige havde fortalt hende. Hun var klar over, at Ask besad meget klogskab og et stort kendskab til naturen og alligevel skulle hun ikke blive ved ham, men derimod mødes med Mama Dala. Pil følte pludselig en frygt for, at hun ikke kunne leve op til Ask og Mama Dalas forventninger.

Tænk nu, hvis hendes evner ville forsvinde med samme hast som de var opstået, eller hun ikke kunne lære at kontrollere energien inden i sig selv, og dermed spildte både Ask og Mama Dalas tid. Tænk nu, hvis hun ikke kunne leve op til alt det, Den Gamle Eg, Ask og Mama Dala havde af planer for hende. Hun havde sagt til Den Gamle Eg, at hun var klar. Men hun fornemmede tydeligt, at hun ikke vidste hvad hun havde meldt klar til. Pil blev urolig og frygten for ikke at slå til tog bolig i hende.

Ask så på Pil og talte til hende med rolige ord.

"Ord er som vinden, de passerer forbi og kun værket står tilbage. Alt det, du siger, tæller ikke her i livet. Kun det, du gør, tæller. Dine handlinger har stor værdi og du skal lære at styre dine tanker og dine ord. Det kræver mod og handling og det skal du lære af Mama Dala. Jeg har lovet hende at forberede dig på dit ophold hos hende, så du er klar, når vi mødes med hende.

Læg dig nu til at sove. I morgen vil jeg lære dig forskellige øvelser, så du kan arbejde med din frygt og ikke lade dig lamme af den."

Pil lagde sig ned og hurtigt fik søvnen overrumplet hende.

Da Pil vågnede igen, var Ask ikke at se nogen steder. Hun strakte sig. Bålets gløder varmede stadig, og hun følte sig veludhvilet og klar til at lære nyt og møde en hvilken som helst udfordring. Hun drak noget kildevand og begyndte at se sig om. Farverne i omgivelserne tog til i styrke. Det var mest de rødlige/orange samt de grønlige farver der dominerede lige nu. Pil undrede sig over, hvorfor det kun var nogle enkelte farver og ikke dem alle hun kunne se så tydeligt. Hun kiggede op mod solen. Den lignede en rød skive på den klare himmel. Så kiggede hun ud mod øst og bemærkede den smukke rosa farve der farvede himlen i horisonten. Jo mere hun studerede omgivelserne, jo flere farver fik hun øje på. De var der alle sammen midt i naturens vidunder. Alle regnbuens farver var til stede i hvert eneste element af naturen. Denne morgen var himlen klar og blå. Mod nord kunne Pil ane en kæmpe bjergkæde.

Som Pil stod og betragtede naturens farver, kom Ask tilbage.

"Inden vi skal gå mod bjergene, skal du først lære at arbejde med din frygt" var det første Ask sagde, da han så hende.

Ask stillede sig overfor Pil og hun fornemmede en vis alvor i ham.

"Det første du skal lære er at trække vejret rigtigt. Du skal genfinde din naturlige vejrtrækning. Din naturlige vejrtrækning vil hjælpe dig med at få kontrol over dit indre og den energi der flyder rundt i dig. Det vil gøre det lettere for dig at gennemføre din ophold hos Mama Dala.

Stil dig godt til rette. Når du føler, at du står sikkert, skal du lukke øjnene. Træk vejret dybt og forsøg at koncentrerer dig om, hvad der sker i din indre verden. Når du føler behov for at ånde ud, så gør det langsomt, så du kan få så meget luft ud som muligt. Når du mærker, at din organisme har brug for luft, skal du ånde ind. Derefter skal du holde en lille pause, indtil du føler trang til at ånde ud igen. Det vigtigste i denne øvelse er, at du er bevidst om din vejrtrækning. Når du har gentaget dette nogle gange, kan du begynde at variere rytmen i din vejrtrækning, ligesom du har lyst til."

Ask holdt en pause og fortsatte så sin forklaring.

"Inden du er klar til at mødes med Mama Dala, skal du være fortrolig med din naturlige vejrtrækning. Forsøg at afsætte et halvt minut til hver indånding og udånding. Jeg vil bede dig lave denne øvelse ti gange efter hinanden. Koncentrer dig og hold fokus på vejrtrækningen."

Pil gik straks i gang med øvelsen. Hun opdagede hurtigt, at øvelsen var sværere end hun havde regnet med. Hun gav sig god tid.

Da hun havde gentaget øvelsen ti gange, viste Ask hende endnu en øvelse, som hun skulle lære.

"Denne øvelse har til formål at vænne din krop til en naturlig og komplet vejrtrækning. Du skal stå oprejst. Ånd langsomt ind, mens du løfter dine arme ud fra kroppen, indtil de med kroppen danner en ret vinkel. Hold vejret, mens du flytter hænderne fremad og bøjer dig forover, indtil du rører jorden med dine hænder, og ånd så ud. Vend så tilbage til den oprindelige stilling og gentag øvelsen. Udfør øvelsen ti gange og husk, at du skal ånde ind, når du løfter hænderne og ånde ud, når du sænker dem".

Igen gik Pil straks i gang med at øve sig på den beskrevne øvelse. Ask stod ved siden af hende og lavede de samme øvelser. Da de havde gentaget øvelsen ti gange, sagde Ask, at der var en sidste øvelse han gerne ville vise hende. Denne øvelse ville hjælpe hende med at synkroniserer hendes vejrtrækning med hjerterytmen.

"Stå oprejst og med ret krop. Med hænderne ned langs siden og med løftet hoved. Ånd langsomt ind, indtil du er helt fyldt med luft og ånd så langsomt luften ud igen."

I de efterfølgende dage fortsatte Ask hende med at lære andre teknikker, der skulle hjælpe hende med at trække vejret på den oprindelige måde. Pil forstod, at vejrtrækning er livet og en væsentlig del af at kunne styre den indre energi. Øvelserne, som Pil skulle udføre, var trættende og varede mange timer, men Pil gav ikke op. Hun fortsatte med arbejdet i flere dage og forsøgte at gøre øvelserne perfekte. Ask holdt nøje øje med hende og udsatte hende hele tiden for nye øvelser, for at sikre sig, at hun gjorde fremskridt. Da han mente, at hun havde udført tilstrækkeligt mange øvelser og ovenikøbet kunne lave dem automatisk, sagde han til hende: "Det er lykkedes dig at få en naturlig vejrtrækning, der er synkroniseret med dit hjertes rytme. Så længe du kan trække vejret på denne måde, kan du styre dine tanker og dermed have kontrol over din indre frygt. Nu er du ved at være klar til, at mødes med Mama Dala. I morgen vil vi sammen gå mod bjergene og jeg vil efterlade dig hos Mama Dala."

Avaritia

Den efterfølgende morgen stod Pil op længe før Ask. Hun ville lave nogle af de øvelser, hun havde lært. De var blevet en del af hendes daglige rutine. Da hun var færdig, følte hun sig mere klar end nogensinde, til at møde Mama Dala.

Deres vandring mod bjergene ville tage resten af dagen. De holdt et godt tempo, og Pil bemærkede, at hun ikke længere havde problemer med at holde trit med Ask. Han gik forrest og viste vejen og Pil gik lige bag ham. Det var først hen under aften, at de nåede frem til foden af bjergene. Her holdt de hvil, inden de fortsatte den stejle vej op ad bjerget. Det var en stenet vej, så de kunne ikke gå ret hurtigt. Da de var halvvejs oppe af bjerget, holdt de endnu et hvil. Efter de begge havde fået noget at drikke, forklarede Ask, at herfra skulle Pil tage den sidste del af rejsen selv. Han havde fulgt hende så langt han kunne, men nu måtte han vende om og gå tilbage. Pil mærkede et lille stik i hjertet. Selvom Ask var fåmælt, havde det været betryggende at følges med ham. Han havde ført hende langt og lært hende mange ting. Uden ham var hun aldrig kommet så langt. Pil mærkede en lille gnist af frygt, da det gik op for hende, at hun selv skulle finde vej til Mama Dala. Ask forsikrede hende om, at så længe hun gav sig tid til at trække vejret naturligt, skulle det nok lykkedes hende. De to gav hinanden et kram, og Ask vendte om, og begyndte nedstigningen igen.

Pil stod stille og så efter ham. Hun betragtede hans bevægelser, smidighed og styrke. Sådan blev hun stående, indtil Ask blot var en lille prik ude i horisonten.

Det var ved at blive mørkt. Hun var overladt til sig selv og var på ukendt territorie. Ask havde udpeget i hvilken retning Mama Dala boede og Pil så op mod den sti, hun var blevet anbefalet at følge af Ask. Han havde fortalt hende, at der fandtes mange forskellige veje til Mama Dala. Den lige vej frem og op var også den mest udfordrende, da den var stejl. Stien hed Avaritia. Mama Dala havde givet de forskellige stier nogle navne, så man bedre kunne orientere sig, men alle stierne førte frem til hende. Pil betragtede stien. Den var smal og stejl. Hun besluttede sig for at slå lejr for natten og næste morgen ville hun tage Avaritia mod Mama Dala. Det havde været en anstrengende dag, for Pil og Ask havde gået mange kilometer. Hun lagde sig ned ved et klippeudspring, i læ for vinden. Her ville hun sove.

Næste morgen ville hun stå tidligt op, lave sine øvelser og begive sig afsted.

Der var kun lige plads til, at en person kunne gå på stien. Heldigvis var Pil ikke ret stor. Med maven fyldt af kildevand havde hun masser af energi til at gå op ad den stejle sti. Hun koncentrerede sig om sin naturlige vejrtrækning mens hun gik. Jo længere hun gik på stien, jo smallere og mere stejl blev den. Den hævede sig opad langt over det sted, hun havde gået med Ask. Pil fortsatte ufortrødent. Intet kunne holde hende tilbage. Hun var, mere end tidligere, opsat på at gennemføre rejsen til Mama Dala. Som Pil kom længere op, blev luften tyndere. Hun håbede, at hun ville nå toppen inden aften og derfra se ud over hele bjergkæden og danne sig et overblik over, i hvilken retning hun skulle gå for at finde Mama Dala. Men rejsen op ad stien blev hårdere end forventet. I takt med hun nærmede sig toppen, blev det sværere for hende at trække vejret. Det var som om, luften var så tynd, at den ikke kunne indåndes. Hun blev stakåndet, forpustet og svimmel. Alligevel fortsatte hun opad.

Hun havde modet og viljen.

Pil pustede og hev efter vejret. Stien var så stejl, at den på afstand lignede en næsten lodret opadgående rute, der så ud til at fortsætte i en uendelighed. Pil lagde hovedet helt tilbage og så op mod himlen. Langt oppe fornemmede hun månen kaste et svagt lys over bjergkæden. Hun spekulerede på, hvor længe hun havde været afsted, for da hun tog hjemmefra, var det fuldmåne. Hun havde mistet fornemmelsen af tid. Det betød ikke noget længere, for det eneste, hun fokuserede på, var at trække vejret i en konstant naturlig rytme. Det var som om, at hvert skridt opad krævede mere ilt, end der var i den luft, hun indåndede. Det begyndte at sortne for hendes øjne. Først som mørke pletter der forstyrrede hendes synsfelt og snart kunne hun ikke længere tænke klart. Kroppen arbejdede sig automatisk fremad og opad. Hun blev overvældet af svimmelhed og besvimede midt på den smalle sti.

Da Pil kom til sig selv, lå hun på et leje af stive grannåle. Der sad en gammel kone ved siden af hende. Hun var lille og mager og hendes hud havde dybe furer. Hendes grå hår var samlet i en knold i nakken. Den gamle kone så på Pil med venlige øjne. Der var noget velkendt over hende. Hun holdt en kop med en ildelugtende drik hen til hende. Pil tog koppen og smagte på drikken. Den smagte af gran. Hun tog en slurk mere. Pil spurgte den gamle kone, om hun var Mama Dala. Den gamle kone fortalte Pil.

"Jeg hedder Soffija. Jeg fandt dig liggende midt på stien, da jeg i morges skulle ned efter kildevand. Jeg bor alene på toppen af bjerget. Jeg slæbte dig på en båre af grangrene og bragt dig herop."

"Jeg er ikke vant til besøg, så du må undskylde mit ydmyge hjem. Det eneste, jeg kan tilbyde dig, er min grannåledrik."

Pil var taknemmelig for, at Soffija havde slæbt hende hele vejen og derefter serverede væske for hende. Hun ville gerne give hende noget til gengæld for alt det besvær, hun havde haft. Soffija ville ikke havde noget, hun var vant til et nøjsomt liv og manglede ingenting. Men hun holdt af at have besøg, for det skete så sjældent. Den eneste betaling, hun ville tage imod, var, hvis Pil ville blive lidt tid ved hende, og fortælle hende om livet nedenfor bjerget.

Pil kunne ikke se, der skulle være noget i vejen for at blive ved den gamle kone en enkelt dag eller to. Hun kunne få sig hvilet og vænne sig til den tynde luft på toppen af bjerget. Herfra ville hun få overblik over resten af rejsen. Måske kunne den gamle kone ligefrem hjælpe hende med at finde Mama Dala.

Den gamle kone serverede mere grannåledrik for Pil, der flittigt fortalte om livet i skoven og hendes venner. Soffija lyttede interesseret og sørgede for, at Pil hele tiden havde grannåledrik i koppen. Drikken fik Pil til at slappe af, dulmede hende. Sådan gik det til, at Pil sad i flere dage og fortalte Soffija om livet nedenfor bjerget. Indimellem faldt hun i søvn, men hver gang hun vågnede, bad den gamle kone om flere fortællinger. Hun var især interesseret i oplysninger om de tre drage æg. Pil fortalte glædeligt om rejsen ved Livets Kilde og Nidhug, der vogtede over de tre æg, og hvordan æggene skulle ligge ved Livets Kilde og suge al den visdom og viden de skulle have. Soffija var god til at stille nysgerrige spørgsmål, der fik Pil til at huske alle detaljer. Hun fortalte om Nidhugs tårer, der dannede Livets Kilde og æggene, der blev fundet i de tre visdomssale. Soffija sugede til sig af viden og informationer. Det virkede som om, hun slet ikke kunne få nok. Hvis Pil havde været mere opmærksom, havde hun opdaget, at jo flere historier hun fortalte Soffija, jo yngre så hun ud og jo mere rank sad hun og lyttede. Pil opdagede heller ikke, at grannåledrikken virkede fortryllende på hende. Hun glemte sig selv, tiden og sin rejse, og blev grebet af at give Soffija mere viden og flere oplysninger. Pil følte, at hun skyldte Soffija det, for hun havde reddet hende. Faktisk ville Pil fortælle hende alt, hvad hun vidste og Soffija fortsatte med at suge til sig. Når Pil sov, bryggede Soffija mere grannåledrik, og når hun var vågen, fortalte hun alt, hvad hun kunne komme i tanke om. Dette stod på i syv dage. På den syvende dag følte Pil sig helt tom. Det var som om, hun ikke havde mere at sige, ikke flere ord at bruge, ikke mere viden at dele. Smagen af grannåledrik var kvalmende og hun kunne ikke få mere ned. Pil holdt en pause med at drikke. Først da opdagede hun, at Soffija havde forandret sig til en ung smuk kvinde.

Pil sad og betragtede hende. Hvordan kunne det gå til, at en gammel kone blev forvandlet til en ung kvinde? Hun var rank, oprejst og smuk. Pil blev betaget af hende. Hun nynnede og virkede glad og tilfreds.

Soffija satte sig ved siden af Pil og bad hende om at lukke øjnene. Hun skulle koncentrere sig om at huske endnu flere detaljer om Nidhug og Livets Kilde, Ask, vennerne og Den Gamle Eg. Soffija ville have mere viden, og Pil skulle fortælle om alle skovens skabninger, hvem der bestemte i skoven og hvorfor livshistorier havnede i egetræer. Pil følte sig pludselig utilpas. Det var som om, Soffija krævede mere af hende, end hun kunne give. Pil sukkede og bøjede hovedet ned. Lukkede øjnene og prøvede at huske. Men der kom ikke mere, ikke flere informationer. Hun var tømt for viden.

Da Pil igen åbnede øjnene og løftede hovedet, var Soffija rasende. Hun råbte ad Pil, at der måtte være mere, der kunne fortælles. Hun ville have al viden om alle de oplevelser, Pil havde haft. Hun ville være den vidende. Hun insisterede på, at Pil skulle drikke mere grannåledrik og tømme sit hoved for alt, hvad hun vidste, så hun kunne suge alle informationer ud af hende. Hun måtte bare vide mere, have flere oplysninger.

Pil løftede koppen med grannåledrik op mod munden og lagde hovedet tilbage for at drikke. Idet samme fik hun øje på farverne på himlen. Den indigoblå farve stod i stærk kontrast med solens gullige skive. Langsomt begyndte farverne at vende tilbage til Pil. Hun så sig om og opdagede, at Soffija fremstod med et turkis skær omkring sig. Hendes blågrønne øjne var intense i farven. Pil sad stille og forsøgte at samle tankerne. Langsomt huskede hun igen Hr. Ask og dernæst sin rejse, sin mission. Hun var jo på vej for at mødes med Mama Dala. Pil så på Soffija, der stod klar med en ny kop med drik til hende. Pil rejste sig op. Hun var en lille og spinkel i forhold til Soffija. Uden at sige et ord, begyndte Pil at udføre de øvelser, hun havde lært af Hr. Ask. Hun ville trække vejret naturligt og i samklang med hjertets rytme. Soffija betragtede Pil med stor undren. Hvem var denne pige? Det var som om, noget pludselig forandredes hos hende. Som om hun trak vejret på en anden måde. Lyset omkring hende forvandledes. Dengang Soffija havde fundet hende på stien, havde hun været næsten grålig. Men som hun stod og bevægede kroppen og trak vejret på en inderlig måde, forvandledes lyset omkring hende. Pil blev ved med at gentage de samme øvelser igen og igen, indtil hun endelig trak vejret naturligt. Så vendte hun sig om mod Soffija.

"Soffija, jeg har ikke mere at sige. Jeg har delt al min viden med dig. Jeg er på rejse for at finde Mama Dala og nu er tiden inde til, at jeg skal videre. Inden jeg takker for husly og forplejning, har jeg en enkelt ting, jeg vil spørge dig om. Ved du, i hvilken retning jeg skal gå?"

Soffija faldt på knæ foran Pil.

"Oh, kære Pil. Du må ikke forlade mig nu. Jeg er så bange for at miste alt det, du har fortalt mig. Vil du ikke nok blive og hjælpe mig med at huske det hele? Måske kommer du i tanke noget, du ikke har fortalt mig endnu. Jeg har så godt af dit selskab og jeg vokser af dine informationer. Jeg vil så gerne have mere. Jeg vil ikke dele, jeg vil have det hele. Vær barmhjertig, kære Pil."

"Du skal ikke ligge på knæ for mig, Soffija. Rejs dig op. Du er en selvstændig kvinde, der har al den viden, du har brug for til din rådighed."

Pil så på Soffija med kærlighed.

"Jeg har ikke flere informationer at give dig, men jeg vil lære dig at trække vejret, inden jeg går. Når du trækker vejret naturligt, kommer du i kontakt med livet. Det vil hjælpe dig med at huske alt det, du allerede ved. Når du trækker vejret naturligt og i hjertets rytme, har du lettere adgang til alt det, der er i dit indre."

Pil stillede sig rank og begyndte i roligt tempo, at vise Soffija de øvelser, som Hr. Ask havde lært hende. Soffija fulgte Pils instrukser og sammen stod de to og trak vejret, åndede ind, holdt vejret og åndede ud igen. Hver eneste øvelse blev gentaget ti gange, for at sikre, at Soffija selv kunne fortsætte øvelserne, når Pil rejste videre. Da Pil blev enig med sig selv om, at Soffija havde styr på øvelserne, sagde hun.

"Nu er vi lige Soffija. Jeg takker dig for husly og nu er tiden inde til, at jeg skal genoptage min rejse for at mødes med Mama Dala. Endnu en gang af hjertet tak, kære Soffija."

Pil gav Soffija et hjerteligt knus og de to stod lidt og nød hinandens omfavnelse. Soffija viste Pil i hvilken retning hun skulle gå, for at møde Mama Dala. Pil takkede og genoptog herpå sin rejse. En sidste gang vendte hun sig om for at vinke til Soffija. Hun så, at Soffija nu var omkranset af alle regnbuens farver. Hun fremstod igen lille og grå, men rundt om hende strålede farverne.

Imens Pil gik, spekulerede hun på, hvad hendes ophold hos Soffija havde lært hende. Først kunne hun ikke forstå, hvad det handlede om, med i takt med at afstanden til Soffija blev større, blev det mere klart for hende, at Soffija i skikkelse havde repræsenteret en griskhed for at vide alt om alle. Være den alt-vidende. Soffija nærede sig af andres energi og havde tryllebundet hende med grannåledrik.

Drikken havde i første omgang smagt forfriskende og havde været et alternativ til kildevand, men den havde vakt en afhængighed i Pil og stille var hun blevet lokket af drikken til at glemme tid og sted. Pil havde ikke før mødt en sådan griskhed og afhængighed.

Nu vidste hun, at med griskhed følger forfald og kun gennem barmhjertighed, kan denne griskhed forvandles til nære bånd og kærlighed.

Mødet med Moira

Pil fortsatte sin rejse i den retning Soffija havde udpeget for hende. Til trods for, at hun gik alene, følte hun sig tæt forbundet med farverne og lydene omkring sig. Tiden var blevet uvæsentlig, for rejsen mod at møde Mama Dala var det afgørende for Pil. Hun gav sig god tid. Hver dag ved solopgang startede hun dagen, men at lave de nu velkendte øvelser og trak vejret helt ned i kroppen, så hun kunne mærke, at hun levede. Hun blev bedre og bedre til at synkronisere vejrtrækningen med hjertets rytme. Det føltes godt. I takt med at hun blev bedre til at trække vejret naturligt, blev hende sanser yderligere skærpet. Hun havde det godt i sit eget selskab, og hun blev ustandselig overrasket over den uendelige strøm at farver og lyde, verden omkring hende viste. Indimellem fik hun små glimt af fortiden, når hun satte sin fod på jorden. Disse glimt eller billeder for hendes indre blik, forsvandt næsten hurtigere end de var kommet. Alligevel blev det oftere og oftere, at hun momentvis opfangede et billede af fortiden. Nogle gange var billederne med lyd og lys og andre gange var de blot en fornemmelse af liv.

Pil gav sig tid til at fornemme, se og lytte og nogle gange sad hun blot og iagttog naturen omkring sig.

Myrernes sti snoede sig på tværs af stien. Pil fulgte de flittige myrer og iagttog, hvordan de samlede sig om føden og transporterede den. Alle arbejdede for det fælles større - for koloniens overlevelse. Der var flere tusinde myrer og deres sti var lang. Nogle gange krydsede stien en anden myresti med myrer fra samme koloni. Andre gange forgrenede stien sig ud i alle retninger og samlede sig længere fremme. Pil blev fascineret af de hårdtarbejdende insekter, der så ud til at knokle uden at tænke på sig selv. Nogle af dem var fælles om at bære et større stykke føde. Andre bar på grannåle, der skulle bruges til at udvide og styrke boet. Som hun nærmede sig boet, blev aktiviteten større og endnu flere snoede stier førte i samme retning.

Pludselig var hun dér. En kæmpe myretue rejste sig op foran hende. Den var flere hundrede gange højere end myretuerne fra den velkendte skov og havde et omfang som Den Gamle Eg. Pil betragtede tuen, der fremstod levende med flere tusinde myrer, der arbejdede. Hun stod længe og iagttog hvordan alle flittigt deltog og alle havde deres plads i systemet. Nogle myrer skaffede føde, andre bevogtede tuen.

"Hvem er du?" sagde en stemme over hende.

Pil så op og fik øje på en stor myre med kraftige kæber. Myren stod på bagbenene og fremstod lettere truende.

Pil præsenterede sig høfligt og fortalte om sin mission om at møde Mama Dala og hendes ønske om, at lære at styre sin indre energi.

Da myren hørte om Mama Dala sænkede den skuldrene. Så rystede den sig og forsvandt. Pil overvejede, om hun skulle blive stående. Inden hun nåede at beslutte sig, blev hun omringet af store sorte myrer. De gennede Pil ind gennem en indgang i myretuen.

Først var der helt mørkt og Pil kunne intet se. Hun gik frem ad hver gang hun fik et skub af myren bag sig. De gik længere ind og ned i myretuen. Pil bemærkede, hvordan boet omkring hende var levende. Hun opfangede lyden af kolonien og fornemmelsen af, at hele tuen var én stor organisme, hvis puls og åndedrag slog i takt med myrernes konstante bevægelse.

Det her var helt anderledes end noget Pil nogensinde havde oplevet. Her var ingen alene. Alle havde et fælles mål og alle havde fokus på koloniens overlevelse. Her var det ikke individet det gjaldt, men fællesskabets beståen. Alle kendte sin plads i systemet og når en myre havde tjent sit formål, indgik den i koloniens fødekæde. Ingen var mere værd end andre. Kun fordi alle bidrog med at opretholde tuen, skaffe føde og bevogte boet, kunne myrekolonien overleve. Et stort system, en organisme i bevægelse. Alle arbejdede for deres søstre og brødre.

Pil mærkede forskellen på den verden, hun kom fra. Her var individet i centrum. Her var det op til den enkelte at skaffe vand. Selvom Pil siden lynnedslaget havde været i stand til at se flere farver, var der helt sort i myretuen. Derimod fornemmede hun tydeligt den hvisken og tisken der var blandt myrerne. Alle kommunikerede med hinanden og alle havde lige meget at skulle have sagt. Der var lyde overalt omkring hende.

Da de havde gået et godt stykke tid, fornemmede Pil lys forude. Et sølvagtigt, hvidt lys, der mindede hende om månens skær. I et splitsekund mærkede hun et stik i hjertet, da hun kom til at tænke på sine venner, der sikkert havde ventet på hende ved sidste fuldmåne. Hun havde ikke længere fornemmelse af hvor lang tid, der var gået, siden hun drog afsted hjemmefra. Hvor mange måner, der havde oplyst skoven siden da.

Da myrerne og Pil nærmede sig det sølvagtige hvide lys, kunne hun begynde at skimte rummet omkring sig. I loftet over hende hang der millioner af små lysende bobler. De hang side om side, række efter række. Sammen lignede de en himmel med lysende stjernebilleder. Sjældent havde Pil set noget så smukt – det var som om, hele universet var samlet lige her. Over hende lyste alverdens stjerner. Hvis man så nøje efter, ville man opdage, at der var et system i de lysende bobler. De sad i nøje afmålt afstand og var tættest på hinanden i starten. Mønsteret var en spiral, der så ud til at fortsætte i det uendelige. Hun havde set dette mønster før. Bregnerne i skoven havde det samme mønster på undersiden af deres blade og vædderens horn havde samme mønster. Det virkede genkendeligt, afslappende og smukt på Pil. Hun havde set det mange gange før, bare andre steder i naturen, på stjernehimlen og nu også her.

Med blikket løftet mod de lysende bobler nærmede Pil sig midten af tuen.

Her, langt inde og langt nede sad hun. *Dronningen*, der gav liv til hele kolonien. Det var hende, der var alles moder. Hvert eneste individ i kolonien stammede fra hende og alle var de søskende og brødre. Det betød, at de alle var forbundet med hinanden gennem alt det, der var arvet fra denne Dronning. Alle individer havde startet livet med at være en stjerne, en lysende boble på deres stjernehimmel.

Som hun sad der, midt i hulen i tuens midte, virkede hun majestætisk. Hun var stor og rank og hendes blanke kulsorte krop spejlede de mange bobler, der hang i loftet. Når lyset fra boblerne reflekterede i Dronningens blanke sorte farve, kastede det lys tilbage, der mest af alt mindede om det smukkeste måneskin en stjerneklar nat. Pil fik fornemmelsen af, at Dronningen var tuens måne. Hun alene skabte stjernehimlen. Stjernerne var hendes børn, boblerne var den kommende generation, der skulle føre alle traditioner og viden videre.

Hun repræsenterede rytmen i tuens og tidens kredsløb. Dens fødsel, død og genopstandelse; fornyelse, forandring og udvikling. Med hende gik den indre visdom i arv. Ligesom månen i skoven styrer vandet, styrede denne Dronning bevægelsen i kolonien.

"Jeg har ventet dig," sagde Moira.

Dronningen så direkte på Pil. Hendes stemme var flygtig og magisk på samme tid.

"Mit navn er Dronning Moira," sagde hun. "Og du må være Hr. Asks udsending og Mama Dalas lærling."

Pil nød lyden af hendes stemme, så hun præsenterede sig ved navn og forklarede, at hun havde meldt sig klar til at møde Mama Dala og at Hr. Ask havde fulgt hende på vej.

"Du er kommet til rette sted, kære Pil," svarede Moira.

Lige så langsomt begyndte det at gå op for Pil, hvor heldig hun var. Nu huskede hun, hvad Hr. Ask havde fortalt hende. Hendes rejse ville åbne op for de gaver hun var født med. Lynet havde aktiveret hendes evner og hvis hun var klar, ville hun blive ført til Mama Dala, der ville tage imod hende og lærer hende at kontrollerer den indre energi, alle farverne og lydene.

Nu stod hun nu her overfor Dronning Moira, der skinnede som det smukkeste månelys.

"Jeg fornemmer, at du har mødt sider af dig selv, som førhen var ukendte. Tro mig, Pil, alle væsner indeholder skjulte skygger og skjulte skatte. Når du tør acceptere dine skygger, forandrer de sig til visdom og dyrebare skatte. Nu er du nået til den del af rejsen, hvor du skal lære at være i nuet, med alt hvad det indebærer. I nuets kraft finder du handling. Denne del af rejsen vil handle om din evne til at være til stede – her og nu."

Pil tænkte på alle de gange, hendes bevidsthed havde vandret hid og did. Hun havde været i fremtiden og mærket frygten for ikke at slå til. Ikke leve op til egne og andres forventninger. Hun havde været i fortiden og var blevet forført af Soffija. Og så var der jo dengang hun havde været på jagt efter Skovgut, inde i det store egetræ. Her havde hun mødt alle sine skyggesider og havde følt sig svag og i følelsernes vold. Nu bad Moira hende om, at hun skulle acceptere sine evne til at vandre i tiden og samtidig være til stede i nuet.

Langsomt gik det op for Pil, at hun, ikke længere behøvede at stræbe efter fremtiden og mødet med Mama Dala. Hun behøvede ikke føle sig fortabt i fortidens erindringer, eller være på flugt fra det, der skræmte hende. Til trods for denne viden havnede Pil alligevel i et gammelt følelsesmæssigt mønster: Tvivl om egne evner. *Hvordan skulle hun kunne forblive i nuet?*

Månen

Dronning Moira gav Pil god tid til at navigere rundt i sindet og alle de oplevelser, hun havde haft.

Da hun fornemmede, at tiden var inde, lyste hun op som den smukkeste fuldmåne, der skinner med et køligt hvidt skær. Ud fra dette lys dannede sig en månesten. Den var ikke større, end Pil kunne have den i sin spinkle hånd. Men den havde en magisk kraft over sig.

Dronning Moira rakte stenen til Pil.

"Denne månesten vil være dit kompas. Den vil hele tiden vise dig, hvor i tiden du befinder dig og hjælpe dig med at være i nuet. Det eneste, du skal gøre, er at være lige her."

Hun pegede på en lille plads ved siden af sig. Pil gik derhen og satte sig. Hun mærkede Moiras nærvær og månestenen, hun holdt i sin hånd.

Sådan begyndte Pils næstsidste del af rejsen.

Med fokus på nuet, at være og lade erindringer om fortid og spekulationer om fremtid passere. Det var svært for Pil, for hendes rejse hidtil havde netop vakt forbindelse til fortiden, og skabt ønsket om at lærer energiens bevægelse at kende i fremtiden. I starten sad Pil og kæmpede en indre kamp, bad alle tanker være stille og hver gang hun så et indre billede, brugte hun kræfter på at få det til at forsvinde, for det forstyrrede nuet. Pil sad længe og havde svært ved at koncentrere sig om nuet. Hun tænkte på, hvornår hun ville møde Mama Dala, hvad Skovgut og de andre venner lavede, om hun kunne leve op til Hr. Asks forventninger, om hun kunne lære at styre den indre energi, bruge farverne og lydene til at vise billeder af fortiden og forhåbentlig styrke hende, hun spekulerede på om det var en tilfældighed at det var hende der var blevet ramt af lynet.

Tankerne var usammenhængende og kom i tilfældig rækkefølge. Nogle gange var det blot brudstykker af en tanke, inden en anden tanke overtog hendes fokus. Sammen med tankerne kom følelser. Ensomhed, frygt, frustration, styrke, glæde og længsel. Som tankerne, skyllede følelserne også ind over Pil i en sådan fart, at hun ikke kunne finde hoved eller hale i dem. Når hun en sjælden gang vendte tilbage til nuet, mærkede hun usikkerhed og uvisheden om, hvor længe hun skulle sidde hos Dronning Moira. Tiden gik og Pil begyndte at føle, at hun spildte tiden. Hun mærkede en rastløshed i kroppen, hjertet, der bankede hurtigere. Hun registrerede, vejrtrækningen var unaturlig. Men hun blev siddende, for hun havde stor respekt for Dronning Moira.

Pil sad længe, faktisk så længe, at hun igen mistede fornemmelsen for tid. Indimellem faldt hun i søvn, men hver gang vækkede hun sig selv ved tanken om, at hun snart burde have lært at være i nuet, så hun kunne komme videre og mødes med Mama Dala. Hun holdt månestenen i sin hånd, for den føltes så behagelig, både kølig og lun på samme tid. Når hun tænkte på det, var månestenen både blød og havde en vis hårdhed. Afhængig af hvordan hun holdt den i sin hånd, kom forskellige nuancer af lys til syne i stenen. Sarte farver der alle bare var dér.

Jo mere hun så efter, jo flere farver kunne hun se i månestenen.

Den var fascinerende.

Så opdagede Pil det. Det kom til hende som en velkommen gæst. Når hun brugte tiden på at betragte månestenen, kunne hendes tanker ikke vandre til hverken fortid eller fremtid. Når hun gav sig god tid til at lede efter flere farvenuancer i stenen, var det som om, alt andet forsvandt. Pil konstaterede blot de forskellige farver der var til stede. Intet andet. Kun hende og månestenen.

Hun lukkede øjnene og for sit indre blik svævede månestenens farver foran hende. De virkede beroligende. Pil sad og betragtede og trak vejret. Rytmen i vejrtrækningen blev synkroniseret med hjertets rytme og farvernes frekvens. Hun lagde ikke mærke til nogen bestemt farve, havde ingen holdning til, om det var smukke eller grimme farver. Farverne var der blot og det samme var Pil. Alt omkring hende hørte op med at eksistere. Hun skænkede intet en tanke. Hun var her med månestenen, farverne, hjertes rytme, lige her og nu. Hun trak vejret, åndede ind og åndede ud. Gav sig god tid uden at tage notits af det. De øvelser, hun startede med hver dag, var nu blevet en del af hende og uden besvær smeltede sind og krop sammen i den rytmiske vejrtrækning. Tid og sted ophørte, der var kun Pil til stede i nuet.

Mama Dala

Pil missede med øjnene. Hun havde ikke fornemmelse af hvor længe hun havde siddet, for hun havde været til stede i nuet og ikke haft tanker om noget. Da hun begyndte at kunne se mere klart igen, skelne farver og omgivelser fra hinanden opdagede hun, at hun ikke længere var i myretuen sammen med Dronning Moira. Hun sad på skovbunden på den dejligste pude af mos. Hun kunne dufte skovsyrer og svampe lige i nærheden. Fuglene kvidrede over hende og hun mærkede en let brise. I nærheden kunne hun hører, at en flod brusede afsted. Pil rejste sig for at orienterer sig. *Hvor var hun?*

Svaret kom uventet og klart.

"Kun når du kan trække vejret naturligt og være til stede i nuet, er du klar til at møde Mama Dala".

Pil vendte sig om og så, at en gammel rødgran talte til hende. Rødgranen mindede om en klog gammel kone med dybe furer i ansigtet og på hænderne. Hendes bark var vejrbidt og hendes øjne var kraftfulde og udstrålede en inderlig glans.

"Jeg har hørt meget om dig Pil. Hr. Ask og Den Gamle Eg har fortalt mig om lynnedslaget og din indre energi og dine evner. Nu er du endelig klar til den sidste del af din oplæring. Du vil blive udsat for flere barske prøvelser, men hvis du klarer dem, vil du komme hjem med stor visdom. Du vil forandre dig fra at være usikker i livet til at blive stærk, modig og indsigtsfuld, og din fremtid vil stå klar for dig. Du vil opleve, at andre vil opsøge dig, for at få hjælp."

De to kiggede på hinanden i et stykke tid. Den gamle rødgran stod ubevægelig og rank på jorden foran et fantastisk sceneri med kæmpe træer, der rejste sig i al deres vælde.

Pil tænkte på, hvem denne rødgran i virkeligheden var og hun begyndte at føle sig en smugle utilpas ved situationen. Hun kunne mærke hjertet begyndt at banke hurtigere.

Det var, som om rødgranen kunne læse hendes tanker, som om hun studerede hendes reaktioner. Sådan stod de længe og iagttog hinanden. Da det så ud til, at den gamle rødgran endelig havde afsluttet sin minutiøse undersøgelse af Pil, sagde hun med et lille smil: "Du er sikkert tørstig. Jeg henter lidt kildevand til dig."

Da Pil havde slukket sin tørst, fortsatte den gamle rødgran.

"Du skal ikke forvente venlighed af mig. Jeg er en hård læremester, og hvis du ikke adlyder mine ordre, eller hvis du udviser for stor frygt, bliver du sendt tilbage til den velkendte skov med det samme. Hvis du derimod lære at bruge din energi til at styrke dit mod og gør front med frygten, vil den ændre retning. Frygt er, ligesom alt andet, en energi. Det samme er kærlighed, had eller vrede."

Hun så på Pil med alvorlige øjne uden nogen tegn på venlighed. Fra første øjeblik havde den gamle rødgran hævdet sin autoritet for at skabe en total overgivelse hos Pil. Rødgranen betragtede igen og igen Pil med et blik, der var skarpt, ubevægeligt, fast og gennemborende. Pil var klar over, at dette ophold ville blive en vanskelig prøvelse for hende. Lidt efter lidt gik det op for Pil, at den gamle rødgran var Mama Dala.

Mama Dala bad Pil følge med, og sammen gik de, til de nåede derhen hvor Mama Dala skulle lære Pil om den indre energi. Som dengang Pil havde fulgtes med Hr. Ask, blev der ikke udvekslet ret mange ord imens de gik. Det gav Pil tid til at spekulere på dagens begivenheder. Mama Dala havde bedt hende om ikke at vise frygt.

Frygten havde været en del af Pils liv siden hun var lille. Selv dengang hun skulle finde Skovgut, havde frygten fulgt hende. Frygt for at bede om noget, frygt for at gøre noget forkert og frygt for ikke at leve op til andres og især egne forventninger. Frygt for fremtiden og det ukendte. Pil vidste, at hvis frygten fik for meget energi, kunne den være lammende. Trods Mama Dalas beskrivelse af frygt som en energi, der skulle arbejdes med, kunne Pil alligevel ikke lade være med at føle den.

Pil besluttede sig for at prøve Mama Dalas råd om, at bruge mod til at få frygten til at ændre retning. Hun koncentrerede sig og forestillede sig frygten som et stort og skræmmende væsen. Et væsen der kunne sluge og fortære hende. Så forestillede hun sig selv stå overfor frygten. Hun trak vejret synkront med hjertets rytme og sagde så højt, indeni sig selv: "Jeg ser dig frygt. Du er en energi ligesom kærligheden. Jeg tror på kærligheden, det er den største af dem alle. Jeg er klar til at se dig i øjnene. Jeg vil bruge din kraft og energi til at være modig og stærk".

Mama Dala smilte for sig selv. Hun vidste nøjagtig hvad der foregik inden i Pil, og hun var tilfreds. Det havde været en god lære for Pil at står ansigt til ansigt til frygten.

Mama Dala viste Pil hvor hun kunne hvile sig, til de skulle starte oplæringen dagen efter. Den nat sov Pil dybt og tungt.

Næste dag startede Pils oplæring hos Mama Dala. De startede morgenen ved flodens bred, med at lave deres øvelser, åndede ind og åndede ud, skabe kontakt med hjertets rytme.

Mama Dala talte til Pil med en rolig og myndig stemme.

"Floden kan lære dig, at livet er bevægelse og fornyelse. Floden er i harmoni med alt de feminine. Den symboliserer vores skabende, fornyende og bevarende energi. Vandet i floden er forbundet med det følelsesmæssige. Vand kan bruges til renselse eller at bortvaske de ting, der ikke længere tjener dig. Du vil opleve, at denne flod vil ændre sig. Nogle gange er den som et lille vandløb der stille snor sig gennem Dalarnia, og andre gange tager floden til i styrke og bruser ud mod havet. Uden vand i floden bliver livet til tørke, ørkenagtigt som et dødsrige, men med for meget vand går floden over alle bredder og bliver som en syndflod. Floden er således både dødens og genfødslens sted. I din tid hos mig, skal du lære flodens livsskabende og livsfornyende energi at kende. Når du er i harmoni med flodens energi, vil du kunne beherske din egne indre energi. De billeder du glimtvis får for dit indre blik, er levn fra fortiden. Når du lærer at fokusere rigtigt på dem, vil de træde tydeligt frem og være en naturlig del af dit væsen. Det er din gave fra lynet. Det vil blive din velsignelse."

Pil lyttede opmærksomt og interesseret.

"For at lære den kraft at kende, som du nu har inden i dig, skal du først lære floden at kende. Du skal studere den opmærksomt, hvordan den bevæger og snor sig, hvor den er dyb og hvor den er grund. Du skal blive fortrolig med floden og livets bevægelse. Når du er det, vil du lære at bruge din indre energi til at hjælpe dig selv og andre. Ved at acceptere flodens bevægelse, skal du lære at acceptere dig selv som du er. Ved at acceptere dig selv som du er, frigør du al den energi der er bundet i at skulle leve op til ligegyldige forventninger. Alt for ofte har du haft fokus på dit liv, ved at forme det efter traditioner eller noget der er påtvunget udefra. Alle er blevet påvirket af deres moder, bedstemødre eller måske andre figurer i familien. Ud af disse mange påvirkninger spindes ubevidst et usynligt tæppe, som bruges til at dække sig til med over for andre. Når det sker, bliver man ulykkelig eller mister fornemmelsen af hvilken retning man skal vælge i livet. Du får her muligheden for at opdage, hvem du virkelig er, og følge din vej i fuld bevidsthed."

Pil lyttede tavst og opmærksomt til Mama Dala og forsøgte at forstå betydningen af hvad hun fortalte. Mama Dala så venligt på Pil.

"Kom med mig, så skal jeg vise dig hvor du skal tilbringe de næste fire dage og tre nætter. Her vil du erfare, at den sværeste kamp ikke er den, der kæmpes mod en modstander, med den der udkæmpes mod en selv."

Pil fulgte efter Mama Dala. Hendes bevægelser var majestætiske og det fik Pil til ubevidst at føle sig underdanig. Mens de gik tænkte Pil over, at hun i virkeligheden ikke vidste hvem hun selv var. Hendes søster, Cypres, var altid så munter og hendes bror Douglas var alvorsfuld. Hun følte, at hun stod et sted midt imellem. Hun kom til at tænke på de gange, hvor hun havde fulgt andres eksempel og ubevidst forsøgt at være som dem, uden at prøve at være sig selv. Hun havde aldrig brugt tid eller energi på at finde ud af hvem hun selv i virkeligheden var. Pil mærkede frygten komme snigende. Hun havde ikke mærket frygten siden gårsdagens ord om, at hun ville bruge frygtens energien til mod og styrke. Det havde hjulpet hende til at falde til ro, men lige nu mærkede hun frygten for alt det ukendte vende tilbage. *Hvor var de på vej hen? Kunne hun lære at acceptere sig selv som den hun er? Hvem var hun, når alt kom til alt?* Spørgsmålene var mange og Pil følte sig mere forvirret end nogen sinde før.

Ikke nok med at hun betragtede verden anderledes efter lynnedslaget og hun så farver og indre billeder af fortiden. Nu skulle hun også finde ud af sig selv. Det virkede overvældende for Pil. Hvordan kunne hun studere floden og lærer om livet ved at undersøge vandets bevægelser?

Da de havde gået i et godt stykke, med floden på højre side, standsede Mama Dala op. Hun forklarede Pil, at de var kommet til flodens udspring. Ved at opholde sig det sted, hvor floden startede, skulle Pil finde svar på hendes spørgsmål. Mama Dala så indtrængende på Pil, mens hun forklarede, at mange andre før hende, havde været det sammen igennem og alle havde de overnattet på samme sted i fire dage og tre nætter. Når de havde gennemgået de tre nætter, vendte de tilbage til deres liv, med ny visdom, styrke, mod og med en indgående bevidsthed om, hvem de var og hvad meningen med deres liv var. Dem Mama Dala havde hjulpet, havde alle lært at styre den indre energi, vende frygten til mod, forstå og bruge de billeder de fik foræret fra den jord de gik på. De havde sluttet fred med dem selv, og efterfølgende brugt deres liv på at hjælpe andre, uden selv at blive slave for skjulte usagte forventninger og normer.

"Herfra skal du selv gå hen til det sted, hvor floden med stor kraft og energi springer ud af bjerget og danner et vandfald. Bag vandfaldet er der en indgang til en hule. Du skal gå ind i hulen og tilbringe tiden der. Til sidst skal du bade i floden for at rense den sidste frygt ud og komme i harmoni med vandet."

Mama Dala forklarede, at Pil kunne forvente at møde sin største frygt i hulens totale mørke. Hun skulle overvinde frygten for det ukendte, tvivlen, smerten, vreden, skuffelsen og bedrøvelsen.

"Først når du kan holde ud at være med dig selv i din indre verden, bliver du stærk og lære sig selv og dine egne grænser at kende. Først når du mærker dine egne grænser, kan du acceptere dig selv, som du er."

Pil gjorde alt hvad hun kunne for at huske, hvad Mama Dala fortalte hende, men hun var ikke sikker på, at hun forstod det hele. Alligevel gjorde hun, som hun blev bedt om.

Hulens indre var slangeformet.

I starten overdøvede lyden fra det brusende vandfald alt andet. Pil gik, med stor forsigtighed ind i hulen. Hun kunne skimte hulens omrids. Den snoede sig længere og længere ind i bjerget. Mama Dala havde bedt hende om at gå helt derind, hvor mørket blev total og hvor ingen lyd hørtes. Her skulle Pil finde sig et sted at sidde.

Pil trængte endnu længere ind i hulen. Lyden fra vandfaldet blev svagere indtil den til sidst helt forsvandt. Stilheden og det totale mørke virkede skrækindjagende. Pil mærkede en uønsket frygt vokse i hende. Hendes hjerte hamrede voldsomt. Noget frygteligt truende var inde i hulen sammen med hende. Stilheden var total og hun ventede hele tiden på, at blive angrebet af et eller andet med skarpe kløer og spidse tænder. Noget der ville flå i hende. *Befandt der sig mon ondskabsfulde væsner herinde, som ville hende det ondt?*

Pil begyndte at se frygtelige syn og hun syntes, at der lød skrig og smertefuld gråd, men hun vidste ikke hvor lydene kom fra. For at berolige sig selv, begyndte Pil at udføre de øvelser Hr. Ask havde lært hende. Hun gav sig god tid og brugte al sin energi til at gå helt ind i øvelserne, så hun kunne få styr på sin vejrtrækning og hjertets rytme igen.

Således stod Pil i mange timer og gentog alle øvelserne igen og igen. Alt flød sammen med de lyde og indre billeder hun så og hørte.

For hendes indre blik væltede det frem med afskyelige billeder, som fremkaldte frygten for at miste, blive tilintetgjort, ødelagt eller opslugt. Hun fik lyst til at skrige og løbe ud af hulen, men hendes vilje hjalp hende til at blive stående. Hun ville gennemføre opholdet i hulen, om det så var det sidste hun gjorde. Det tog al hendes energi at holde fast i viljen og til sidst væltede hun omkuld af udmattelse. Hun blev tung og faldt sammen. Svævende mellem bevidsthed og søvn, fik Pil pludselig fornemmelse af, at hendes liv var ved at slutte og døden var nært forestående. Hun følte det som om livet stille sivede ud af hende og gjorde hende mere og mere svag. Som om hendes energi blev til en æter, der forduftede. Pil bevægede sig på grænsen mellem to verdener.

Hendes vejrtrækning blev svagere og svagere, og hun faldt ind i en dvaletilstand. Her forberedte hun sig på at acceptere det uundgåelige, sin egen død.

Pil lå helt ubevægelig og lammet. For hendes indre blik så hun billeder af venner og familiemedlemmer, der sørgede over hendes død. Hun så smerten og sorgen i deres øjne, mens de stod bøjet over hende på hendes dødsleje. Pil mærkede en voldsom trang til at græde og hun lod sig rive med. Tårerne var på en og samme tid forløsende og smertefulde. Hun græd over den smerte og sorg hun havde påført dem hun elskede ved at ligge på sit dødsleje. Hun mærkede en skamfuldhed over at give slip på livsenergien, men følte ikke hun havde kræfter til at fortsætte. Hun betragtede momenter fra sit liv, så på det udefra, som et billede der viste sig for hendes indre blik. I starten var det mest de oplevelser, hvor Pil havde følt sig ensom, bange og utilstrækkelig, der viste sig for hende. Tårerne fortsatte med at løbe ned over hende. Hun så, hvordan hun havde påført Cypres og Douglas mange bekymringer, fordi hun havde så svært ved at slå rødder. Hun mærkede ensomheden der fulgte med følelsen af at være anderledes end sin familie. Følelsen af ikke at høre til og ikke være en del af den fælles ånd, der ofte opstår blandt familiemedlemmer. Hun mærkede fornemmelsen af at være forkert.

Bagefter så hun indre billeder af sine venner. De var samledes for at minde hende. Hun betragtede den ulige flok af venner; Skovgut, den lille fyr med fjer i hatten. Han kendte sin mission i livet. Måneplet der havde gennemlevet den smukkeste forvandling og nu kunne flyve omkring som en sommerfugl og derpå Hr. Butsnude, den skønne frø, som altid virkede munter, klog og veltilpas i livet. De tre venner stod og talte om Pil og hvordan hun havde kæmpet den største af alle kampe, nemlig kampen mod en selv. De var alle tre ramt af en blanding af sorg og vrede. De sørgede over at have mistet en god ven, idet Pil havde opgivet kampen, men de var vrede over, at hun ikke havde bedt dem om hjælp, for der var intet de hellere ville end hjælpe hende.

Pil mærkede skammen over, at hun havde ladet som om, at alt var godt, når hun i virkeligheden led og kæmpede. Skammen over at give op og tro på, at hun ville være ensom og alene resten af sit liv, uden at finde et sted at slå rødder.

Følelserne og billederne var stærke og Pil var lammet af situationen. Det ville helt klart være det nemmeste, at lade energien eller æteren forsvinde, for så ville hun få ro. Så behøvede hun ikke længere at kæmpe og lede efter sin rette plads i livet. Hun kunne bare give slip og lade det sidste af hende forsvinde. På den måde ville hun ikke længere være en byrde for sine opgivelser, hun ville ikke give Cypres og Douglas flere bekymringer. De skulle nok komme sig over hendes død og leve videre. Deres vej i livet var lagt for dem. De tre venner havde jo hinanden. Pil så heller ingen grund til, at de skulle blive hængende i sorgen. Tværtimod behøvede de ikke længere høre på Pils frustrationer over at føle sig anderledes og rodløs. Således lå Pil længe, helt ubevægelig på gulvet i hulen, alt imens kulden kom snigende. Hun frøs og rystede.

Pil brugte sin sidste energi på at overvejede, om hun skulle forlade sit jordiske hylster og begive sig videre mod en anden dimension, hvor hun ikke længere ville føle ensomhed, frygt eller sorg. Her ville hun hverken have vægt eller form. I et nu opdagede hun, at hun svævede mellem de to dimensioner. Hun havde valget. Hvor hørte hun mest til? Da opdagede hun, at hun var forbundet med en meget tynd lysstråle, der strakte sig langt ud i det fjerne. Pil var ikke længere bevidst om, hvor hun var, eller hvordan hun havde det. Den tynde lysstråle løb gennem hende og forbandt hende med alt omkring sig, fra hulen til det yderste punkt, hvor alt bliver til og alt hører sammen.

Pil var ved at gå i opløsning og æteren i hende fordampede.

Lige inden hun gav helt slip, bankede hendes hjerte en dyb rytme. Pil havde aldrig mærket den hjerterytme før. Den fik hende til at lytte efter sjælens stemme og et hidtil ukendt ansigt viste sig for hende. Pil studerede ansigtet, der langsomt blev mere og mere tydelig. Hun så ind i to øjne, der var så klare og blå som kun vand kan være og samtidig så grønne som en nyudsprungen bøgeskov. Øjnene tryllebandt hende og langsomt begyndte hun at huske. Vandet, floden og skoven. Duften af anemoner og følelsen af støvregn, der stille løb ned over hende.

Hun følte en lyst til at bevæge sig, til at vende tilbage til livet. Pil brugte den sidste energi på en kraftanstrengelse, hvor det lykkedes hende at bevæge sig en smule. Hun fornemmede, hvordan hun lå stivfrossen på det kolde gulv og huskede, at hun opholdt sig i hulen. Langsomt begyndte de sovende og stive fibre i hende, at vågne op. Hun blev mere bøjelig og kunne lidt efter lidt bevæge sig mere naturligt. Livet vendte atter tilbage til hende.

Pil så sig om i det velkendte mørke. Hun var ikke længere bange. Hun befandt sig i en tilstand af harmoni og ro, og hun trak vejret dybt og i synkroni med hjertets rytme. Mørket i hulen var forandret.

Før havde der kun eksisteret mørke eller lys, men nu bemærkede Pil, at hun pludselig kunne se noget lys i mørket.

I starten var lyset ret diffust, men så blev det mere klart. Hvad Pil ikke vidste var, at hun kunne se med sjælens øjne og høre med sjælens øre. Pil så sig om i hulen. Hun havde ligget i et stort rundt rum. Hun hørte en kilde risle og uvilkårligt gik hun hen til den for at få noget af drikke. Kildens udspring kom fra hulens indre. Vandet fra kilden smagte vidunderligt og mere friskt end noget andet kildevand hun nogensinde havde smagt.

Det gjorde godt at få slukket tørsten, og hun mærkede hvordan vandet tilførte hende fornyet energi.

Pil gjorde sig klar til at forlade hulen igen. Hun fulgte kilden, der startede helt inde i midten af hulen og betragtede dens små krumninger som snoede sig videre gennem hulen. I starten løb vandet stille og roligt, men efterhånden med mere og mere kraft. Kilden forvandlede sig til en bæk, der blev bredere og mere vand kom til. Sammen dannede det en å, der tog til i styrke og forandrede sig til en flod.

Floden blev kraftig og strømmen stærk. Pil var fokuseret og studerede vandets bevægelser, ganske som Mama Dala havde bedt hende gøre. Længere fremme kunne hun fornemme mere lys og lyden af et brusende vandfald. Jo tættere hun kom på udgangen af hulen, jo mere kraft kom der på floden. Den var livlig og fyldt med energi. Floden lavede dybe furer ind i bredden og dannede flodlejer, hvorfra der løb små bække, så floden spredte sig som et kæmpe netværk af forgreninger. Pil følte sig nærmest beruset af flodens kraft og vilje. Hun fulgte den hele vejen til udmundingen, hvor den væltede ud af bjerget i det enorme vandfald. Herfra kunne Pil se, at den fortsatte med at løbe gennem landskabet og forgrenede sig til et utal af små åer og bække. Uanset hvor den løb hen, gav den liv og energi til omgivelserne. Pil forstod nu, hvad Mama Dala havde ment, da hun bad hende om at studere floden og vandets bevægelser. Hun indså forbindelsen mellem hende selv, vandet og livet, og at alt var forbundet gennem et kæmpe netværk. Ligesom i hulen, hvor hun var forbundet med den tynde lysstråle, var hun - og alt andet - forbundet med hinanden, gennem et netværk af energi.

Den energi der var vakt i Pil efter lynet havde ramt hende, havde forbindelse til den tynde lysstråle og flodens kraft. Alt var på samme tid foranderligt og evigt.

Langsomt gik det op for Pil, hvem hun var og hvilken stor gave hun havde fået. I ydmyghed og med en vis portion stolthed forstod Pil, at hun havde valgt livet. Selv i det mest omsluttende mørke, fandtes der lys. Det havde hun oplevet i hulens totale mørke og stilhed. Hun vidste, at der altid var et valg. Pil forstod, at i accepten af sin egen frygt for at miste rodfæste i livet, lå også kilden til kraft og energi. Den helende kraft og energi, der kan forvandle og skabe. Denne energi kunne, ligesom alt andet i naturen, både være bærer af kærlighed til livet og selve splinten. Samtidig med at hun kunne være del af smukke frodige landskaber, kunne hun også være en del af et goldt og livløst landskab.

Vandet fra floden førte Pil videre og hun rejste afsted. Hun løb langs flodens bred, hen over klipper, sten og gennem frodige landskaber.

Således nåede hun til det sted, hvor floden forbandt sig med det enorme hav. Bølgerne rullede frem og tilbage, og vandets melodi og bevægelser fyldte hende totalt. Solen skinnede og dens stråler nåede frem til de små dråber af vand der fyldte luften. Det dannede den smukkeste regnbue og da Pil så dette syn, forstod hun, hvordan lys, lyd og bevægelse påvirkede hinanden og sammen dannede naturens smukke frekvens af energi og billeder. Energi og billeder i både det ydre og indre univers. Nu vidste hun, at hun ikke var alene og aldrig mere skulle være det. En blanding af kærlighed og glæde dukkede op i hende og hun hørte vandets lyde helt ind i sjælen.

Hun havde forstået flodens og vandets budskab, og hun følte sig forenet med dette element. Sammen med vandet udgjorde hun en helhed. Fra dette øjeblik ville hende sjæl altid være som vandet, fyldt med musik og fri til at bevæge sig i livets hav til evig tid.

Mama Dala boede ved havet. Hun havde ventet Pil og ganske som forventet, havde Pil vist sig på den fjerde dag. Mama Dala så med venlige og kærlige øjne på Pil. Det var tydeligt, at Pil havde gennemgået en stor forandring. Nu var hun mere, end Pil fra den velkendte skov. Nu var hun forbundet til alt omkring sig og hun var bevidst om det. Pil havde set livets begyndelse og slutning og vandets kraft og energi. Mama Dala kunne se i Pil, at hun havde set frygten i øjnene og brugt energien til at se på sig selv med kærlige øjne.

Pil havde forstået, at hun var en del af noget større og var forbundet med det større. Derfor kunne hun sætte sig selv fri for frygten. Den energi hun indeholdt, flød i hendes netværk, som energien fra vandet fra livets flod.

Mama Dala og Pil stod længe og så hinanden direkte ind i øjnene. De følte en tæt forbundenhed og samklang. De havde ikke behov for at sige en masse til hinanden, for de fornemmede på fornemmeste vis hvad den anden havde på hjertet.

De omfavnede hinanden og da tiden var inde, lovede de hinanden at holde kontakten, inden Pil gik hjemad mod den velkendte skov.

*"Du vil opleve, at sindet altid fortæller dig,
at du er nødt til at lave om på noget i det ydre,
for at løse dine indre problemer.
Men hvis du er klog, leger du ikke den leg."*

Michael A. Singer

Dette var historien om Pils rejse ud i verden og hjem i sig selv.

Måske kunne du genkende lidt af dig selv i nogle af hendes udfordringer eller måske kunne du forestille dig selv på en lignende rejse.

Hvis de to eventyr har gjort dig mere nysgerrig på, hvad der ligger og venter på dig af skjult visdom og skatte, indeholder den sidste del af bogen nogle simple øvelser, der guider dig til at forstå dit eget indre landkort bedre. Når man får vished om hvilke smukke gaver, der ligger og venter, hvis bare vi tør være nysgerrige og tage det første skridt ud i det uvisse, kan det være svært at blive hjemme i hverdagens trummerum.

Du kan også vælge at lade eventyrene tale for sig selv. Måske er det nok, det de hver især har bragt frem i dig. I så fald er du blevet beriget med det symbolsprog, der er anvendt i de to eventyr.

Symbolsproget

Alle kender symboler og de er overalt, hvor end vi ser. De findes uafhængig af vores herkomst og vores sprog. Symbolsproget er urgammelt og brugt i alle tider overalt på jorden. I Carl Gustav Jungs betydning er der noget ukendt i et symbol, noget vi ikke forstår, som ikke kan udtrykkes på anden måde, end ved symbolet. Symboler er subjektive og er med til at styrke den kulturelle identitet. Et symbol handler således om at kunne se en skjult betydning bagom de faktiske ting.

Eksempelvis er en naturperle ofte symbol på bl.a. skønhed, rigdom, renhed, uskyld, fuldkommenhed, kvindelighed, frugtbarhed, fødsel og genfødsel. I græsk mytologi er Afrodite "Perlernes Dronning", skabt ved at Zeus som et lyn gennembrød muslingeskallen. I kinesisk mytologi, er himmeldragen, lynet og perlen tæt forbundne. I hinduismen er en perle Shivas 3. øje og i buddhismen Buddhas, som symbol på åndelig fuldkommenhed.

Korset er et gammelt og udbredt symbol, der stort set findes i alle kulturer. Korset er ofte et symbol på (renhed?), enhed og styrke. Fra centrum peger armene i fire retninger. Et kors, der ligger ned, peger på alle fire verdenshjørner, mens et stående kors også inkluderer himlen og jorden. Korset symboliserer ofte menneskelig eller guddommelig kraft og udødelighed.

Et andet eksempel er trekanten, ligesom tallet tre, der er anvendt i de fleste kulturer verden over. Ofte fremstår tallet tre med en speciel betydning, og i mange eventyr går tallet igen og igen og igen!

"Der var engang en mand og en kone. De havde tre sønner..." På helterejser skal helten ofte stilles tre udfordringer, inden han måske får tre ønsker og kommer hjem til prinsessen og det halve kongerige. I kristendommen fornægtede Peter Jesus tre gange, og Jesus opstod fra dødsriget på tredjedagen. Den hellige treenighed - Faderen, Sønnen og Helligånden findes i flere kulturer eller religioner. Eksempelvis var de tre vigtigste guder i Egypten Osiris, Isis og Horus. I Norden og den nordiske mytologi herskede guderne Odin, Thor og Freja.

Tallet tre symboliserer også styrke, for hvis det deles, vil der være to imod en. Det kan symbolisere vores iboende maskuline og feminine energi og forholdet imellem dem.

Forbavsende mange symboler har en ensartet betydning i verdens forskellige kulturer. Carl Gustav Jung sagde, at det skyldes menneskets kollektive ubevidste. Han mente, at på samme måde som vores krop bærer spor af en lang udviklingshistorie, bærer vores ubevidste på erfaringer fra den forgangne tid. En drøm, kan således hente sine rødder fra en verden, mine forfædre levede i. Uanset om man er enig i Carl Gustav Jungs teorier eller ej, kan man konstatere, at nogle symboler giver ensartede associationer, uanset hvilken kultur, man tilhører.

Når man arbejder med det symbolske sprog i sin egen udvikling, stikker ressourcerne derfor dybt. Symbolsproget, der kommer til udtryk i eksempelvis sandplay, er subjektivt. Sandplay som terapiform benytter sig af den viden, at klienten laver symbolske sandbilleder med figurer og symboler. Klienten opfordres til spontant at vælge de figurer, der "taler" til ham eller hende ud fra det ubevidste.

Det sandbillede, der således skabes, fortæller en subjektiv historie.

Sandplay er en enkel kreativ og fri proces til at synliggøre vores indre billeder og ressourcer. Helt konkret foregår det i en sandkasse på bare 50x70cm. Der er en stor samling af figurer og symboler til rådighed. Ved at bruge sin forestillingsevne og kreativitet, bygger man bro fra det mentale til det fysiske, fra det ubevidste til det bevidste, og fra det nonverbale til det verbale. Ved at se tingene 'udefra', bliver det muligt at få ny forståelse for sit følelsesliv og mentale tilstand med ressourcer og muligheder.

Det symbolske sprog har en sådan karakter, at almindelige ord ikke slår til. Ord er præcise og afgrænsede, mens det symbolske sprog indeholder nuancer, følelser og betyder flere ting samtidigt. Symboler kommer oftest i form af billeder og er derfor også lettest at gengive i billeder, eksempelvis gennem sandplay.

Den værdi det enkelte menneske tillægger symbolet er subjektivt, idet symbolet giver associationer til bestemte følelser eller oplevelser. Det skyldes vores familie, opvækst, religion, kultur, nation og verdensdel.

Historiefortælling og eventyr har eksisteret i de fleste kulturer til alle tider. Det afspejler et dybt menneskeligt behov for at få svære og vigtige livsspørgsmål anskueliggjort i et enkelt billedsprog. Man oplever, at symbolsproget fortsætter der, hvor almindelige ord og logisk tankegang ikke længere slår til.

En fortælling eller et eventyr har ofte til formål at omdanne store livsspørgsmål og komplicerede indre processer og følelser til billedsprog, som man bedre forstår og derved kan høste visdom og viden. Da Askepots mor døde, står der ikke i eventyret, at Askepot blev ked af det. Der står at hun plantede et træ på moderens grav og vandede det regelmæssigt med sine tårer.

Indholdet i fortællinger og eventyr står ofte for noget andet, end det man først tror det handler om. Ofte opdager man, at det man først troede handlingen drejede sig om, blot er det umiddelbare. Når man ser på symbolsproget, opdager man, at eventyret indeholder endnu flere detaljer og hemmeligheder. Ofte er det de mest enkle eventyr, der er de mest indholdsrige. Vigtige hændelser præsenteres på en sådan måde, så det kaster nyt lys og måske nye udviklingsveje.

De to eventyr er mit bidrag til at invitere dig ind i symbolsproget og eventyrets verden. De er beskrevet ud fra mit indre landkort og mine subjektive symboler. Nogle fænomener vil du genkende fra andre eventyr, såsom drager og vise mænd og koner.

Praktiske øvelser til dig, der vil mere

For rigtigt at kunne forstå, hvad det indebærer at arbejde med indre billeder, er her en øvelse, hvor du får din egen indre oplevelse af, hvor virkningsfuldt det er. Når man arbejder med indre billeder, kommer vi i kontakt med det dybere lag i vores psyke. De indre billeder taler i et sprog, der anvender symbolik. Det er som i drømme. Nogle gange går der et par dage, inden man forstår meningen med sin drøm. Hver gang vi arbejder med vores indre billeder, bliver vi en smule klogere på os selv.

Denne øvelse er for at hjælpe til at forstå, hvordan de billeder, som kommer fra vores indre, genspejler vigtige sider af vores personlighed og vores aktuelle sindsstemning. Øvelsen er også relativ ufarlig og harmløs i den forstand, at den ikke åbner for ubehagelige, tidligere ukendte sandheder om os selv. Selvfølgelig kan selv et fredeligt billede indeholde ukendte informationer, men forsvarsmekanismen sørger for, at vi ikke opdager det ubehagelige, før vi er parat til at modtage det og arbejde med det. Derfor gør den kommende øvelse, at man kan få en oplevelse af symbolarbejdet ved at følge vejledningen.

Skab dit sikre og fredelige sted

Inden du går i gang, skal du finde materiale frem, så du kan lave en tegning eller et maleri. Det vil sige et stort stykke papir eller et lærred, samt farver eller maling. Du skal sidde et uforstyrret sted og lade din telefon, computer og tablet ligge. Det betyder, at du ikke skal forstyrres af udefrakommende lyde eller larm.

Du bedes starte med at læse de første tre punkter godt igennem. Bagefter gentager du de tre punkter inde i dig selv, for at tillade at lave øvelsen, med fokus på det, der kommer til dig, og ikke det, du læser. Når du har udført de første tre punkter, kan du læse videre og følge vejledningen til punkt syv.

1

Sæt eller læg dig godt til rette. Koncentrer dig om din krop. Føl at du sidder eller ligger godt. Mærk kontakten med underlaget. Føler du spændinger nogen steder i kroppen? Send din opmærksomhed mod de steder, du registrerer spændinger og forstil dig, hvordan der kan blive mere blødt. Vend opmærksomheden mod dit åndedrag. Træk vejret tre gange - dybt og helt ned i maven. Hold vejret, imens du tæller til tre og pust ud, imens du tæller til tre. Lyt til lydene omkring dig og lad dem hjælpe dig med at slappe af. Koncentrer dig igen om din krop. Mærk tyngden i den. Fortsæt på den måde, indtil du mærker, at dit indre aktivitetsniveau daler og du er mere afspændt.

2

Forestil dig nu dit eget sikre sted. Et sted, hvor der er rart og trygt at være for dig. Det kan være hvor som helst. Mærk den tryghed og kærlighed der er til dig på dette specielle sted. Det er dit sikre sted. Se dig omkring. Hvad registrerer og mærker du? Hvad hører og dufter du? Nogle ser klare tydelige billeder af deres sikre og trygge sted, hører lyde, mærker dufte, varme eller kulde samt underlaget under deres fødder. Andre oplever utydelige fragmenter af billeder. Hvad du end oplever, så vær tilfreds med det. Det er lige så håbløs en opgave at forsøge at tvinge et billede frem, som det er at tvinge sig til at falde i søvn.

3

Hvis du ikke ser dit sikre sted, så forestil dig, hvor der er rart at være, hvad der er på det sted og hvordan det ser ud omkring stedet. Hvordan er stedet afgrænset? Hvordan er vejret? Årstiden?

Husk at have styr på de første tre punkter før du læser videre!

4

Når du synes, du har en rigtig god fornemmelse af dit helt specielle sikre sted, afbryder du afslapningen ved langsomt at tage et par dybe åndedrag og strække dig.

5

Flyt dig hen til farverne og dit papir eller dit lærred og maling uden at tale med nogen. Mal eller tegn dit sikre og trygge sted med så mange detaljer som muligt. Det er selvfølgelig uden krav om, at det skal være smukt eller kunstnerisk. Giv dig god tid.

6

Når du er tilfreds med dit billede af dit sikre og trygge sted, så betragt det. Tag et stykke papir og en blyant og beskriv dit billede med ord. Lav en detaljeret beskrivelse af stedet og omgivelserne. Giv dig god tid.

7

Når du er færdig med de to ovenstående øvelser, skal du til at arbejde lidt med dit sikre sted. Formålet er at finde ud af, hvilke dele af din personlighed og din aktuelle livssituation, der er projiceret eller kommet til udtryk i tegningen eller maleriet og i beskrivelsen. Du skal bruge papir og blyant. Se på dit billede og læs din beskrivelse, en sætning ad gangen. Nu er øvelsen, at du skal bytte forskellige ord i beskrivelsen ud med ord, der handler om dig selv. Tag en sætning ad gangen og arbejd trin for trin, så du bytter ét ord ad gangen.

Eksempel:

*"Det er en stor, grøn forårseng, hvor blomsterne
og træerne er ved at springe ud."*

Byt først nogle af de vigtigste ord ud.

"Jeg er stor og grøn, og er ved at springe ud."

Hvis det passer nogenlunde, så fortsæt med at bytte
flere ord ud.

*"Jeg er stor og grøn, og der er ved at ske
noget stort og godt i mit liv."*

Når du har omformuleret første sætning, og er
tilfreds med den, fortsætter du med den næste og
går sådan igennem teksten sætning for sætning.

*"Engen er omgivet af en masse grantræer og
foran er der et gammelt stengærde."*

*"Rundt omkring mig er der noget ukendt, måske
lidt skræmmende, men foran er der noget solidt
og kendt."*

*"I mit liv er der dels det gamle og trygge, dels
noget ukendt, som både kan lokke og skræmme
mig lidt."*

Gå hele din beskrivelse igennem, indtil du mærker, at du er tilfreds med den.

Øvelsen ender med, at du får en oplevelse af, hvordan det er at arbejde med symboler. Den verbale beskrivelse på papir er en rigtig god støtte, så du lærer metoden at kende. Den giver gode refleksioner og overvejelser. Du opdager, hvordan eksempelvis vejret kan jævnføres med vores aktuelle sindsstemning. Er der solskin eller overskyet himmel? Årstiderne kan afspejle vores dybere grundstemning i sindet.

Eksempelvis kan et ungt menneske opleve, at det sikre og trygge sted er overskyet eller det er efterår eller vinter, hvis forældrene er ved en skilsmisse, eller hvis det unge menneske synes, at livet står stille og der ikke er udvikling.

Overordnet er det godt for alle mennesker at kende sit sikre og trygge sted. Her kan man jo altid søge hen, når man har brug for tryghed.

Forbindelsen mellem det symbolske og virkeligheden

Det er stærke kræfter, der sættes i gang, når man arbejder med indre billeder og symboler. Ligesom i eventyrene er de ækle væsner slet ikke så farlige, når de mødes på deres hensigter. Frygten forsvinder, når vi forstår budskabet.

Den næste øvelse er for dig, der er nysgerrig på, hvad din indre kritiker i virkeligheden vil dig. Hvis vi tror på, at den fordømmende eller formanende stemmen inden i os, i virkeligheden vil os noget godt, vil den nenstående øvelse hjælpe dig med at finde frem til den positive intention.

Negativ indre selvsnak handler om at være urealistisk kritisk og hård ved sig selv. Det er vores indre selvbebrejdelse og foragt for os selv. Vores indre selvsnak dannes nogle gange tidligt i vores liv, men det er som om, stemmen kan leve sit eget liv. Derfor reagerer vi nogle gange umodent eller uhensigtsmæssigt på gamle mønstre. Dengang stemmen blev dannet, havde den en positiv intention. Den havde noget vigtigt, den skulle tage vare på for os. Det kan være beskyttelse, egenomsorg, flugt eller andet. Det er vigtigt at forstå, at den indre negative selvsnak har givet god mening på et tidspunkt i dit liv. Formålet med den, var, på det tidspunkt den blev dannet at passe på dig. Den dannes i ét udviklingsstadie, men hvis vi ikke er opmærksom på det, bliver den ved med at have den alder, som dengang den blev dannet. Den forbliver med at være barnlig. Derfor kommer vi nogle gange til at reagere som et lille barn, hvis vi ikke får vores vilje, enten ved at blive fornærmet, ked af det eller vred.

Vi kan ikke fornægte vores indre stemme, men vi kan invitere den til middag hos os og lære den bedre at kende. Ved første øjekast kan den lyde skræmmende og se uhyggelig ud, men ved nærmere bekendtskab, lærer du dens gode hensigter at kende. Lad os kalde vores indre negative og kritiske stemme for vores egen indre Trold.

Arbejdet med din egen indre Trold

Tag et stykke papir og overvej og nedskriv svar på nedenstående spørgsmål.

- Hvordan ser din Trold ud? – iagttag den.

- Hvad føler du, når du ser din Trold i øjnene?

- Hvad fortæller den dig om sig selv?

- Hvis den Trold du opdager, blev født på grund af et gammelt sår/overbevisning, kan du så give dig selv lov til at se Trolden uskyldig med en positiv intention?

- Kan du se Trolden som et produkt af din egen frygt og din forsvarsmekanisme?

- Kan du give dig selv lov til at have medfølelse med din Trold?
- Hvordan ville det være, hvis du kunne hente styrke ved at tage dig af Trolden og forstå den?

- Er din Trold alderssvarende – hvor gammel er den?

- Er Troldens reaktionsmønster alderssvarende med dig? Er I lige gamle?

- Hvad er det i virkeligheden, Trolden ønsker for dig, som er godt?

- Når du kender Troldens positive intention, hvad sker der så med Trolden – forvandler den sig?

- Hvis Trolden skulle give dig en god gave, hvad indeholder den så? Er det visdom, læring, kærlighed, overbærenhed eller noget helt andet?

Hvad siger Trolden?

Den stemme, der kommer fra Trolden, dit sårede ego, er fyldt med vrede eller frygt og den er kendetegnet ved at være pågående. Hvis du lytter til Troldens stemme, kan du finde ud af, om der er noget, du skal lære af det, den siger. Lyt efter skjulte problemer, som du er nødt til at tage dig af, se efter oprindelsen i dit sår – hvor gammel var du? – spørg Trolden. Den eneste måde at tæmme dit sårede ego på, er at undersøge, hvad det har at sige.

- Når du forestiller dig din dialog med Trolden, så se ordene for dig, som om de kommer fra Troldens mund og over på et filmlærred. Bare ordene. Se, hvad der står.

- Er det en tanke, hvor følelsen er frygt eller tristhed?

- Hvad føler du, når du ser på disse ord?

  Læg mærke til om en bestemt tanke er mere stærk end de andre?

- Hvad er det for en tanke?

- Spørg dig selv: "Er dette sandt for mig?" Er det?

- Eller er det rester af gamle oplevelser eller erfaringer, kasserede ideer.
- Hvis det er tilfældet, så se, hvordan ordene på lærredet skifter form, måske farve, størrelse og til sidst forsvinder fra lærredet, væk og langt borte.

- Hvis ordene er sande for dig, hvis overbevisningen eller tanken rummer sandhed, så giv dig tid til at mærke smerten fra dine følelser.

- Hvor i kroppen registrerer du det?

- Måske mærker du oplevelsen af at græde, hulke eller tiltagende vrede i dig?

Trolden har givet dig en juvel, en dyrebar indsigt. Du ved, at det er en udgave af dit sårede ego og du ved nu mere konkret, hvad du har at arbejde med. Trolden har bragt det på bane, vist dig ordene, fordi du er klar til at arbejde med det. Se den positive intention eller hensigt bag det sårede ego.

- Hvad handlede det om?

- Hvilke forsvarsmekanismer brugte du?

- Hvilket større formål tjente det, dengang det gav mening?

- Hvor gammel var du, dengang det gav mening?

Alle mennesker bevæger sig i forskellig hastighed gennem forandringer hele livet. Nogle er mere opmærksomme på det end andre, men det er ens for alle. Ingen går gennem livet uden at mærke smerte og ensomhed. Det er et grundvilkår, vi deler.

Afhængig af hvad vi kommer af og med, har vi forskellige strategier til at tackle smerten, frygten og ensomheden.

Unge mennesker, der opdrages til at være unikke, havner ofte i en vakuumlignende tilstand, hvor de har succes i den ydre verden, men føler sig ensomme. Dette til trods for at de har flere hundrede "venner" på de sociale medier.

Når vi glemmer at opdrage den kommende generation til at være en del af fællesskabet, tager vi noget vigtigt fra dem. Nemlig evnen til at mærke glæden ved at være en lille del af noget, der er langt større end dem selv. Det kan føre stor ensomhed med sig. Denne ensomhed manifesterer sig nogle gange i depressive eller stresslignende tilstande. Begge dele er tilstande, hvor mennesker i virkeligheden mangler at mærke, at de hører til. Hvis man ikke kan mærke, at man hører til, enten i familiesystemet eller det system man færdes i, kan man komme til at tro, at hvis bare man lige får en bedre karakter i skolen, en ny sofa, eller en anden bil, så er alt godt igen. Derfor kommer man til at stræbe efter noget i den ydre verden, men smerten ligger på det indre plan. Jeg tror inderligt på, at alle har brug for at føle, at man hører til.

Alle mennesker hører til et familiesystem og alle mennesker har en helt unik plads i dette system. Hvis man af forskellige årsager føler sig anderledes end de andre i familiesystemet, eller man er kommet til at udfylde en plads i systemet, der i virkeligheden tilhører en anden, bliver man ensom. Så er der ubalance, som der var i Dalarnia. Det gør det svært at høste frugten fra nærende relationer.

Den kommende øvelse er for dig, som har svært ved at sige fra og sætte sunde grænser.

Øvelsen tager udgangspunkt i min overbevisning om, at alle indeholder lige netop det, der skal til, for at løse den nuværende udfordring. Sommetider har vi brug for hjælp til at se mere klart eller til at få kastet lys over, hvordan vi kommer videre i livet, både ved at vælge til og skære fra.

Øvelsen vil støtte dig i at pleje det sunde og det der giver næring og ændre gamle uhensigtsmæssige relationer.

Plante drømme og sætte sunde grænser

Det handler om vores drømme og mål i livet.

Brug din visualiseringsevne/forestillingsevne

- Forestil dig, at du sidder med en bunke knogler foran dig. De har forskellig størrelse og form. Nogle er store, andre små.

- Du har ligeledes en passende mængde frø. Du bestemmer selv hvor mange og fra hvilke planter eller blomster, frøene kommer. Frøene repræsenterer dine drømme.

- Fælles for knoglerne er, at de repræsenterer gamle mønstre, vaner, overbevisninger og relationer, som ikke længere tjener dig godt. Dengang de blev skabt, havde de et tydeligt formål for dig, men nu passer de ikke længere ind i dit liv. Du er vokset fra dem.

- Forestil dig, at du tager hver enkelt knogle og ser grundigt på den. Flyt alle knoglerne over i et bål sted. Accepter, at alle knoglerne før har tjent et vigtigt formål og deres intention har været positiv. Nu vil du gerne have opfyldt den positive intention på en mere hensigtsmæssig måde.

- Knogler, du ikke længere skal bruge, kan du roligt brænde, for ud af asken vil der komme ny næring. Asken er, som lava fra en vulkan, næringsrigt.

- Forestil dig, at du sidder på dit trygge og sikre sted, lige der, hvor dine drømme skabes. Brug asken fra knoglerne til at sprede ud over jorden, så det giver næring til den jord, der støtter dine drømme.

- Nu er det tid til at plante dine frø, dine drømme og nye sunde relationer. Lad være med at forbande jorden, hvis udbyttet ikke bliver, som du forventer med det samme. Det kan se ud som om, intet vil vokse og er goldt. Giv det tid og plej det.

- Vær omhyggelig med, hvad du planter. Spred ikke frø af ukrudt, som skygger for solen, når de begynder at vokse. Vær omhyggelig med den plante, der repræsenterer din fremgang og trivsel. Hvis det er svært, er det din opgave at planlægge, inden du planter.

- Hvis du har svært ved at skelne mellem ukrudt og andre planter, så kontakt din indre gartner. Han/hun vil guide dig og lære dig, hvordan du planter og plejer, så du får det bedste udbytte. Undervejs, skal du måske beskære planter for, at de får bedre fat, større rodnet og bliver sundere.

- Mens du går i gang med at klippe blade og beskære, handler det om at give slip på forhold og situationer, der ikke længere fungerer eller er for krævende og ikke rummer tilstrækkelig meget værdi for dig. Vær stolt af, at du får jord under neglene. Det er arbejdet for sjælen og sindet og det gør dig ære.

- Inden du rykker ukrudt op, så kig lige lidt nærmere på det. Der er noget i alle situationer, vi skal lære. Dette ukrudt er måske et forhold til en bror eller søster, et medlem af familien, en forælder eller gammel ven, der har problemer og som ikke ser ud til at vil løse sig lige foreløbig. Men det kan være værdifuldt at bevare forbindelsen til denne person, samtidig med at du styrker dine egne grænser.

- Læg mærke til planterne rundt om dig. Bed din gartner vise dig, hvilke planter der er ukrudtsplanter og fortælle dig, hvad de hedder. Du kan spørge din gartner: "Hvornår såede jeg dette frø, som blev til netop denne ukrudtsplante – tjener den stadig et formål i mit liv?"

- Overvej omhyggeligt, hvad du vil gøre ved det ukrudt, du finder. Skal det trækkes op med rode eller skal det beskæres? Hvad er du nødt til at fjerne fra dit liv? Hvilke grænser har du brug for at mærke for at hindre, at dit ukrudt vikler sig ind i andre planter og kvæler dem?

- Kompostbunken kan være et magisk sted. Den er jo allerede fuld af næringsstoffer på grund af det ukrudt, der er smidt der. Du kan bruge den til at gøde de planter, du helst vil se vokse og blomstre. Hvilke planter er dine yndlingsplanter?

Træet, et symbol

"Pil bevæger sig, sammen med Skovgut, ind i egetræets stamme for at fange vildfarne livshistorier."

Bare i det korte udsagn ligger en masse spændende arbejde, du kan kaste dig over, hvis du er nysgerrig på, hvad der mon ligger og venter på dig, i dine livshistorier.

Træet er i mange kulturer symbol på Livet. Træet er et gennemgående grundsymbol på helheden. Foreningen af himmel, jord og vand. En forbindelse mellem det ubevidste, jorden og himmel, eller mellem liv og død. Et gammelt knudret egetræ kan symbolisere menneskets alder, sejhed og standhaftighed. I gamle fortællinger nævnes det, at hvor eg, ask og tjørn gror samme sted, finder man feer og alfer. Bøgetræet siges, at findes i nærheden af vigtige og kraftfulde steder. Bøgen kaldes ofte for Skovens Moder eller Skovens Dronning. Det er et symbol på generøsitet og giver både beskyttelse og omsorg.

Cypres, kaldes ofte for Livets Træ.

Noa får, i Første Mosebog, anbefalinger af Gud om, at arken skal bygges af ask. Forskellige træer symboliserer forskellige egenskaber. For slet ikke at tale om det symbolske i træernes forskellige rødder, stammer, grene, blade eller nåle.

Hvordan ser dit Træ ud?

Denne øvelse er til dig, der er interesseret i at undersøge, hvilket Træ, der mon repræsenterer dig. Husk på, at alle træer er lige rigtige. Der findes ikke et forkert træ.

Øvelsen kan bruges som et symbol eller en metafor på, hvem du er og hvor langt du måske er nået i din udvikling. Nogle træer er spinkle piletræer, andre er solide egetræer. Det er alt sammen okay.

Til øvelsen skal du bruge papir eller lærred, samt farve. Når du skal til at tegne eller male dit Træ, så giv dig god tid og stol på, hvilke informationer der kommer.

Du skal sidde eller ligge et uforstyrret sted, hvor der er ro.

Læs de første tre punkter grundigt igennem og giv dig god tid. Efterfølgende følger du vejledningen i de tre punkter, men uden at læse. Bagefter er det tid til at tegne eller male dit Træ.

1.

Når du er parat, skal du lukke øjnene og trække vejret i et roligt og behageligt tempo. Læg mærke til, hvordan du sidder eller ligger. Læg mærke til underlaget. Bemærk, om du spænder nogle steder i kroppen. Hvis der kommer tanker, så bare send dem videre. Tillad dig selv at være lige her og nu. Tillad dig selv at have fokus på din vejrtrækning. Træk vejret dybt ind, imens du tæller til tre og pust ud, imens du tæller til tre. Gentag det tre gange.

2.

For hver gang du trækker vejret dybt ind, føler du, at du bevæger dig nærmere dit Træ. Læg mærke til, hvad du ser. Giv dig god tid til at indtage hele billedet. Gå rundt om dit Træ, så du får det hele med. Tillad også at gå lidt på afstand af dit Træ, så du fornemmer størrelsen.

3.

Læg mærke til om træet tilhører en bestemt art. Har det en krone? Hvordan ser barken ud? Hvad med rødderne? Er der blade eller nåle på dit Træ? Er træet spinkelt eller kraftigt?

4.

Når du har indhentet alle de informationer du kan om dit Træ, så åbn øjnene og uden at tale med nogen, tegner eller maler du dit Træ.

5.

Når du er helt færdig og tilfreds med dit Træ, er det tid til at reflektere over, hvad du har lavet. Forestil dig, at kronen på træet er din selvtillid og rødderne er dit selvværd. Vi har brug for begge dele for at finde balance og være et stærkt Træ.

I kronen og stammen har du alt det, der giver selvtillid, alt det der kan give udefrakommende anerkendelse. Det er dit udseende, din jobtitel eller uddannelsestitel, dit hus, din påklædning, din lækre eller dygtige partner. Det er, som andre ser og oplever dig udefra. Det er din signalværdi, det materialistiske og alt det du gør, samt måden du gør det på. Det er dine evner, færdigheder og adfærd.

Dine rødder består af alt det, du er. Det er din væren, dine værdier, mål og drømme.

Hvad viser dit Træ? Hvilke informationer eller viden har du fået?

Kronen er synlig for andre og er din ydre personlighed, hvor dine rødder er det indre, det du nærer dig af og det du stammer fra.

Hvis man hovedsageligt er opvokset i kronen på sit Træ, og bruger en masse energi på at pudse og pleje kronen, handler det om, at andres mening er vigtig, hvordan man ser ud udadtil og hvordan andre opfatter en, er vigtigt. Det kan i nogle tilfælde gå ud over rødderne, der så bliver misligholdt. Balancen består i at være tilpas til stede begge steder. Hvis man pludselig foragter kronen, fordi man opdager, at ens rødder er misligholdt, og derfor kun giver energi til rødder, ens indre værdier og mission, kan man komme til at virke fraværende, idet andres mening ikke længere har betydning.

Det er træets rodnet, der først og fremmest skal have næring, for at træet kan danne et kraftigt rodnet, så det bedre kan stå fast og holde til mere. Det betyder, at selv de store forandringer eller storme i livet, bliver håndterbare.

Ud over kronen og rødderne, kan du se på, hvordan din stamme ser ud, samt om træet er med eller uden blade eller nåle. Den jord træet står på, er den næringsholdig? Alt sammen er symboler for, hvordan du i øjeblikket har fat i livet.

Historien om Pil

Dette afsnit kan bruges som yderligere forklaring på enkelte af de symboler der er anvendt i de to eventyr.

Pil og har gennem sine rejser været på forskellige magiske steder. Nogle af stederne vækker genklang i dig og andre steder siger dig måske ikke så meget. Her er en liste over de steder, de to eventyrere har været. Måske kan det inspirere dig til at tegne dit eget indre landkort over de magiske steder, der findes, når du rejser på ekspedition i det ubevidste.

Som Pil opdagede, betaler det sig at fordybe sig i det indre landkort. Gaven, visdommen, er større end indsatsen og vores sind er så viseligt indrettet, at vi aldrig stilles over for større udfordringer, end vi kan magte. Nogle udfordringer kan vi selv løse og andre har vi brug for hjælpere til at løse.

Rigtig god fornøjelse med din indre rejse og tillykke med den nye visdom.

Træerne
Pil præsenterede os først for hendes familie, Cypres og Douglas, samt Den Gamle Eg. Træer repræsenterer noget forskelligt, alt afhængig af, hvilken art de stammer fra. Dit Træ fortæller ligeledes noget om dig og hvor du eventuelt skal have fokus for at vokse og udvikle dig.

Hr. Butsnude

Inde i Den Gamle Eg fik Pil to venner, nemlig Hr. Butsnude og Måneplet. De førte Pil til universet for enden af spindeltrappen. Hr. Butsnude, frøen, er ofte et symbol på forandringsproces fra æg over haletudse til frø. Frøer starter deres liv i vand, det ubevidste, og ender som delvist landdyr, i det bevidste. Frøer kan således symbolisere forbindelsen mellem det ubevidste til det bevidste og hele den udviklingsproces, der ligger her.

Måneplet

En sommerfuglelarve, der er på vej til forvandling. Sommerfuglen er et kraftfuldt symbol på kampen for at forlade sin puppe og give sig til at flyve. Altså fra spæd til fuldvoksen.

Nidhug og Guhdin

Pil mødte dragerne, Nidhug og Guhdin. Lys og mørke. Liv og død. Drager har mange symbolske forståelser. For nogle symboliserer dragen en djævel eller en slange med fødder, men den er dobbelt symboliserende, dualistisk. I mytologien bekæmpes drager og i andre kulturer repræsenterer den frugtbarhed, lykke og rigdom. Måske er det derfor Pil møder to drager på sin rejse?

Det Urokkelige Bjerg

Pil blev sat overfor Det Urokkelige Bjerg, der bestod af hendes gamle overbevisninger og holdninger. Nogle gange er vi så sikre på, at vi har ret i vores holdninger, at vi glemmer at være nysgerrig på andre menneskers indre landkort. Vores syn på verden, vores overbevisninger kommer blandt andet af vores kultur, opvækst, familiesystem og meget andet. Derfor er vores overbevisninger, om hvad der er rigtigt og forkert, subjektive. Først når vi bliver mere fleksible i vores tilgang til verden, opstår flere muligheder.

Tabets Dal og sorg

Skildpadden Chelonia hjalp Pil gennem Tabets Dal, hvor hun mærkede smerten ved at blive afskåret fra sine rødder. Skildpadden, kan symbolisere stabilitet, langt liv, tålmod og udholdenhed. Når et menneske står i Tabets Dal og møder traumer, har man brug for, at hjælpen kommer udefra. Noget kan man klare alene, men når man føler sig afskåret og i smertelig sorg, har man brug for, at der er et kærligt, stabilt vidne, der kan holde en oppe.

Fuglen

Den spætte-lignende fugl hjalp Pil i kampen mod hårdhed, griskhed og løgnagtighed, da den huggede det tredje drageæg og afleverede det til skildpadden. Den blev til aske og genopstod. Måske kender du allerede myten om fuglen Fønix?

Kreativitet

Pil blev konfronteret med sin problemløsningsevne, da hun blev stillet overfor gåden, inden hun igen kom ud til Livets Kilde. Vores kreative evne er en væsentlig del af livet. Hvis vi, af forskellige årsager, kommer til at lukke ned for den, fratager vi os selv kilden til det legende, sjove og alle de kreative løsninger.

Soffija og grannåledrikken

Soffija, navnet referer til visdom og skønhed. Hun lokkede Pil med grannåledrik, et overflødighedshorn af viden og information. Hun kunne symbolisere misundelse og fråseri eller måske noget andet. Den grannåledrik hun gav Pil, kan være et udtryk for afhængighed og hun kan repræsentere afhængighedens væsen. Afhængighed kommer i flere skikkelser og handler ikke kun om grannåledrik. Det kan ligeledes være afhængighed af mad, sociale medier, spil og meget andet.

Moira

Pil mødte Moira, moder til stjernehimlen og stilles overfor udfordringen at lade fortid og fremtid være, og fokusere på nuet. Moira, eller månen, kan symbolisere det kvindelige, cyklus, tilblivelse, det intuitive og usynlige. Moira bor netop under tuen og er usynlig for de fleste. Månen er knyttet sammen med vand og tidevand og dermed er den også et udtryk for tid. Det er netop tid, som Pil udfordres i, da hun besøger Moira. Øvelsen i at være til stede i nuet og ikke flakke mellem fortid og fremtid. I vores travle samfund, er det en god øvelse at være til stede her og nu. Månen er modsætning til solen. Solen står for det mere handlekraftige og mandlige.

Mama Dala

Pils møde med Mama Dala, moder jord, handler i særdeleshed om at finde vej til den indre visdom og livsenergi. Gennem vores kontakt med jorden og naturen, det vi betræder og den energi der strømmer herfra, kan vi hente meget viden og kærlighed.

Ovenstående er mit bidrag til en mulig fortolkning af elementer af de to eventyr. Der findes ikke en facitliste, ligesom der heller ikke findes en facitliste til livet. Men der findes håb, udvikling og tro, hvoraf kærlighed og samhørighed er størst.

Epilog

Jeg har altid været inspireret af de mennesker, der har hjulpet mig til at blive den, jeg er i dag. De har støtte mig til at sige ja til min modigste udgave af mig selv. I dag tør jeg stå ved hvem jeg er, og jeg bruger de evner og gaver jeg har fået.

Til tider har jeg fået at vide at jeg er urealistisk i mine håb og forventninger. Ikke alle forstod min begejstring for at udvide mine personlige grænser indeni – lærer mit indre landkort bedre at kende. Jeg føler mig privilegeret over at have foretaget rejsen gennem mit indre landkort. Det har styrket mig som menneske, både i forhold til mig selv, mine nærmeste og universet. Jeg er blevet bevidst om, at handling bringer drømme til live. Vi kan vælge at tale om vejen, eller vi kan vælge at gå den.

Alle mennesker bevæger sig fra at mærke lykken til at have det forfærdeligt. Det er en imponerende styrke vi har! Vi gør alle vores bedste ud fra de overbevisninger, vi har. Hvis vi ser på vores vrede, frygt eller ulykkelighed med et åbent sind, vil følelserne ændre karakter, og det bliver lettere for os at skabe et rigere liv, hvor vi tør leve i overensstemmelse med vores sande selv.

Jeg tror fuldt ud på, at alt er muligt! Vi lever i miraklernes og eventyrenes tid. Ved at være åben og ærlig overfor dig selv og andre, kan vi give slip på fordomme og i stedet lukke kærligheden ind.

Størst af alt er kærligheden!